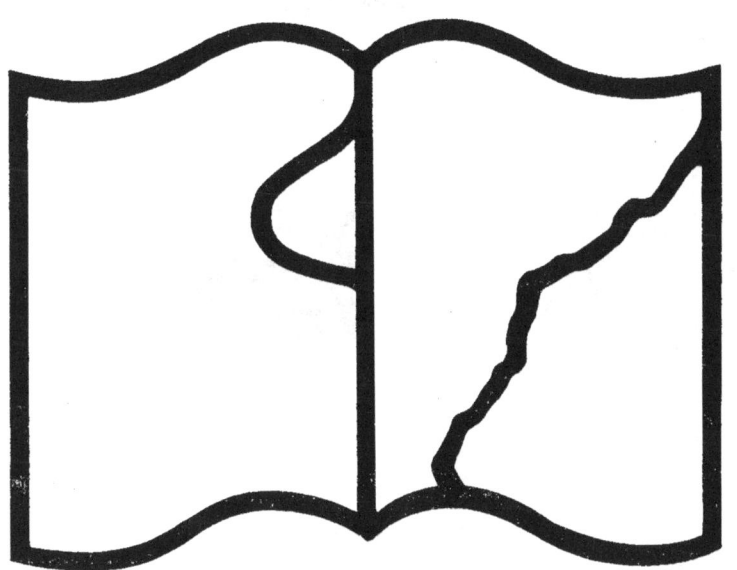

Texte détérioré — reliure défectueuse

**NF Z 43**-120-11

Contraste insuffisant
**NF Z 43**-120-14

# HISTOIRE
## DE
# DON QUICHOTTE

## RACONTÉE A LA JEUNESSE

PAR ORTAIRE FOURNIER,

Auteur du Livre des Enfants bien sages, des Jeunes Insulaires, de Pierre Durand, du Paradis terrestre, etc., etc.

ILLUSTRATIONS DE TH. GUÉRIN.

PARIS
CHARLES WARÉE, LIBRAIRE ÉDITEUR,
RUE RICHELIEU, 45 BIS.
1844.

# HISTOIRE

DE

# DON QUICHOTTE.

IMPRIMÉ AUX PRESSES MÉCANIQUES, CHEZ PAUL RENOUARD,
rue Garancière, n. 5.

Dans ses momens de loisir, il s'amusait à lire des livres de chevalerie.

# HISTOIRE
## DE
# DON·QUICHOTTE

racontée à la Jeunesse

PAR ORTAIRE FOURNIER.

ILLUSTRATIONS DE TH. GUÉRIN.

## PARIS
CHARLES WARÉE, LIBRAIRE-ÉDITEUR,
RUE RICHELIEU, 45 BIS
—O PLACE MOLIÈRE. O—
**1844**

# HISTOIRE
## DE
# DON QUICHOTTE.

---

### CHAPITRE PREMIER.

*Ce qu'était don Quichotte, et comme quoi il se fit armer chevalier.*

Dans un village de la Manche, en Espagne, vivait jadis un de ces gentilshommes ayant une vieille lance, une rondache rouillée, un roussin maigre et un chien de chasse. Un morceau de vache ou de mouton, une vinaigrette le soir, le vendredi des lentilles, le samedi des abatis de bétail, et le dimanche un pigeon en plus, emportaient les trois quarts de son revenu. Le reste payait sa casaque de drap fin, ses chausses et ses mules de velours pour les jours de fête, et son habit de gros drap pour les jours ordinaires. Une gouvernante ayant passé la quarantaine, une nièce qui n'avait pas vingt ans encore, et un valet à tout faire, composaient sa maison. L'âge de notre gentilhomme frisait la cinquantaine. Il était vigoureux, robuste, maigre de corps et de visage, très-matinal et grand chasseur. Il portait le surnom de Quixada ou Quesada.

Dans ses moments de loisir, c'est-à-dire les trois quarts de la journée, il s'amusait à lire des livres de chevalerie, et cette passion devint si forte qu'elle absorba toutes les autres; il vendit même plusieurs pièces de terre pour se former une bibliothèque nombreuse de ces ouvrages ridicules. Bientôt les jours ne lui suffirent plus, il passa les nuits à se repaître l'imagination de ces fadaises. Sa pauvre tête n'était plus remplie que d'enchantements, de querelles, de tournois, de batailles, de blessures; il en vint à prendre toutes ces sornettes pour des réalités et perdit complétement le jugement.

Enfin lui vint dans l'esprit la plus étrange idée que jamais on ait conçue: il résolut de ressusciter en sa personne la chevalerie errante, et d'aller par le monde chercher des aventures, en redresseur des torts. Il ne songea plus qu'à exécuter ce beau dessein. La première chose qu'il fit fut de fourbir de vieilles armes qui avaient appartenu à son bisaïeul. Il les rajusta le mieux qu'il put; mais, hélas! il ne restait plus du casque que le simple morion; il fit industrieusement le reste avec du carton; pour un casque c'était peu solide, mais pour obvier à cet inconvénient, il le garnit en dedans de petites bandes de fer, et le tint dès lors pour une armure de fine trempe et à l'épreuve. Il pensa ensuite à son cheval, et quoique la pauvre bête ne fût qu'un squelette vivant, il ne l'eût pas échangée contre le Bucéphale d'Alexandre. Il rêva pendant quatre jours au nom qu'il lui donnerait; il en fallait un ronflant et magnifique : il se décida pour celui de *Rossinante.* Lui-même prit celui de Don Quichotte de la Manche, pour faire participer son pays à la gloire qu'il acquerrait.

Notre héros, ayant ainsi pris toutes ses mesures, ne voulut pas différer plus longtemps l'exécution de son entreprise. Un matin donc, avant le jour, il s'arme de pied en cap, enfourche Rossinante, et sort par une porte de basse-cour. Il n'avait pas fait cent pas dans la campagne, qu'un terrible scrupule faillit l'arrêter : il n'avait point été armé chevalier ; mais il y trouva remède : il résolut de se faire armer chevalier par le premier individu qu'il rencontrerait. Il poursuivit donc son chemin en laissant aller Rossinante à sa guise, croyant qu'en cela consistait l'essence des aventures.

En marchant ainsi, profondément enseveli dans ses pensées : — Quelle joie, disait-il en lui-même, pour les siècles à venir d'entendre le récit de mes futurs exploits !

Et toi, qui que tu sois, sage enchanteur, qui auras l'avantage d'écrire cette véridique et merveilleuse histoire, n'oublie pas mon noble coursier Rossinante, ce fidèle compagnon de mes travaux et de mes dangers !

Tandis qu'il discourait ainsi, le soleil dardait tellement à plomb ses rayons sur sa tête, qu'il aurait fondu sa cervelle s'il lui en fût resté. Il marcha presque tout le jour sans rencontrer la moindre occasion d'exercer la vigueur de son bras; vers le soir, son cheval et lui s'arrêtèrent mourant de faim. En regardant de tous côtés pour découvrir quelque château ou quelque cabane qui pût lui servir d'asile, il aperçut une hôtellerie. Il s'y dirigea en toute hâte. Par hasard se tenaient sur la porte de l'auberge deux jeunes filles, que Don Quichotte, qui voyait partout ce qu'il avait lu dans ses romans de chevalerie, prit pour deux demoiselles de haut parage. C'est ainsi qu'il se représenta l'hôtellerie comme un château, avec ses fossés, son pont-levis, ses tours et ses créneaux. Dans le même instant un porcher se mit à sonner d'un mauvais cornet pour rassembler son troupeau. Don Quichotte ne manqua pas de se persuader que c'était un nain qui annonçait sa venue ; il s'avança joyeux vers les servantes, et leur dit, en découvrant son visage sec et poudreux : — Ne craignez rien, mesdemoiselles, les lois de la chevalerie que je professe me défendent d'offenser personne et me prescrivent d'être à vos ordres. Les jeunes filles étonnées ne purent s'empêcher de rire. Notre héros allait se fâcher, quand heureusement l'aubergiste arriva. C'était un rusé matois Andalou, fin larron, et plus malin qu'un écolier. Il eut grand'peine lui-même à s'empêcher de rire en voyant la drôle de mine de don Quichotte ; mais craignant qu'il ne prît mal la plaisanterie, il lui dit poliment :

— Seigneur chevalier, si vous cherchez à loger, il ne vous manquera rien ici que le lit, tout le reste s'y trouve en abondance.

Satisfait de la civilité du gouverneur de la forteresse, car l'aubergiste lui parut tel, don Quichotte se hâta de répondre :

— Seigneur châtelain, la moindre chose me suffit; les armes sont ma parure, et les combats mon repos.

L'aubergiste voyant bien qu'il avait affaire à un fou, courut tenir l'étrier à don Quichotte, qui descendit avec peine, et comme un homme qui n'avait pas déjeûné encore à neuf heures du soir. Rossinante ne se fit pas prier pour gagner l'écurie; quant à don Quichotte, il se rendit dans la salle de l'auberge, où il voulut se désarmer. Mais quelque peine qu'il prît, il ne put retirer que deux pièces de sa cuirasse, sans pouvoir venir à bout de désenchâsser sa tête du hausse-col et du casque, qu'il avait attachés l'un à l'autre avec de petits rubans verts, dont il aurait fallu couper les nœuds, ce à quoi il ne voulut jamais consentir. Il préféra donc demeurer toute la nuit avec son casque, ce qui faisait la plus étrange figure du monde. Cela fait, on lui demanda s'il voulait manger quelque chose.

— De grand cœur, répondit franchement le chevalier.

C'était par malheur un vendredi, et dans toute l'hôtellerie on ne put trouver à lui servir qu'une mauvaise merluche, avec du pain noir et moisi. Mais quand il voulut manger, cela fut à mourir de rire. Son hausse-col l'empêcha de pouvoir rien porter à sa bouche; il fallut qu'on lui rendît cet office, et jamais il n'aurait pu boire, si l'aubergiste ne se fût avisé de percer un long roseau, par lequel on fit arriver le vin. Notre bon gentilhomme supportait tout cela avec patience, plutôt que de laisser couper ses rubans verts. La seule chose qui le chagrinait, c'était de n'être point encore armé chevalier. Tourmenté de cette idée, notre héros, abrégeant son maigre repas, appelle l'hôte, s'enferme avec lui dans l'écurie, et se jette à ses genoux :

— Valeureux chevalier, s'écrie-t-il, je sollicite un don de votre courtoisie.

Surpris, l'aubergiste s'efforçait de le relever, mais ce fut en vain : il lui promit alors ce qu'il demandait.

— Je n'en attendais pas moins de votre magnanimité, répondit don Quichotte. Ce que je désire, c'est que demain, dès la pointe du jour, vous me confériez l'ordre de chevalerie, et que d'ici là, vous me permettiez de faire la veille des armes dans la chapelle de votre château.

L'hôte, qui, comme nous l'avons vu, était un malicieux personnage, voulut s'apprêter de quoi rire; il lui répondit donc :

— Seigneur, un tel désir est digne de votre grande âme, et pour le satisfaire vous ne pouviez mieux vous adresser. Moi-même, dans ma jeunesse, je me suis livré à cet honorable exercice. Les faubourgs de Malaga, les marchés de Séville, de Ségovie, de Valence, les ports, les places, les jardins publics et les moindres cabarets de Tolède ont été témoins de mes exploits. Me voyant vieux, je me suis retiré dans ce château, où j'héberge tous les chevaliers errants : dans ce moment je n'ai point de chapelle pour faire la veille des armes, parce que je viens de l'abattre pour en élever une plus belle; mais vous savez qu'en cas de nécessité on veille où l'on veut; cette nuit vous le pouvez faire dans une cour du château, qui est précisément ce qu'il faut. Demain nous achèverons la cérémonie. Portez-vous de l'argent? ajouta-t-il.

— De l'argent! répartit don Quichotte. Je n'ai jamais lu qu'aucun chevalier errant se fût muni de ce vil métal.

— Vous êtes dans l'erreur, reprit l'aubergiste : si les historiens n'en parlent pas, c'est qu'ils ont pensé que cela allait sans dire : je puis vous assurer que tous avaient une bourse bien garnie. Je vous ordonne donc, comme à mon fils en chevalerie, de ne jamais voyager sans argent; vous et les autres, vous vous en trouverez bien. Il serait bon aussi de vous faire accompagner d'un écuyer.

Don Quichotte promit de suivre son conseil, et aussitôt il alla porter ses armes dans la cour, sur une auge, auprès d'un puits. Il ne garda que son écu, et, la lance au poing, il se mit à se promener de long en large, en affectant une contenance libre et fière. Cependant la nuit s'éclaircit, et la lune répandit une lumière vive et brillante. Or, il arriva qu'un des muletiers logés dans l'hôtellerie voulut abreuver ses mulets, et s'en vint pour débarrasser l'auge. Don Quichotte le voyant approcher, lui cria d'une voix terrible:

— Tremble de toucher à ces armes, téméraire; ta mort expierait ton audace.

S'inquiétant peu de ces menaces le muletier prit les armes et les jeta loin de lui. Aussitôt notre héros se débarrasse de son bouclier, saisit la lance à deux mains et en décharge un si furieux coup sur la tête du pauvre diable, qu'il l'étend sans mouvement à ses pieds. Après cet exploit don Quichotte ramasse ses armes, les repose froidement sur l'auge et recommence à se promener.

Peu d'instants après un autre muletier, ignorant ce qui s'était passé, voulut de même abreuver ses mulets, et retira les armes de dessus l'auge. Don Quichotte lève aussitôt sa lance sans rien dire, et la lui brise sur la tête, qu'il ouvre à trois ou quatre endroits. Cependant les camarades des blessés font pleuvoir sur notre héros une nuée de pierres. Don Quichotte se couvre de son écu, et s'escrime d'estoc et de taille. L'aubergiste voyant la tournure tragique que prenait la plaisanterie, s'élance au milieu des muletiers, leur raconte la folie de leur adversaire, et parvient à leur persuader d'abandonner le champ de bataille. Cela fait, il s'approche de don Quichotte, et lui fait entendre que c'est assez comme cela d'épreuves et que le moment est venu de lui conférer l'ordre de chevalerie. Don Quichotte se laissa facilement convaincre par le prétendu châtelain qui s'empressa d'aller chercher le livre où il inscrivait ses rations de paille, et revint suivi d'un petit garçon qui portait un bout de chandelle, ainsi que des deux servantes dont nous avons déjà parlé. L'aubergiste fit alors mettre à genoux l'aspirant chevalier, marmotta quelques paroles dans son livre, et haussant la main, la fit retomber assez rudement sur le cou de don Quichotte, qu'il frappa, dans le même moment et sans s'interrompre, avec le plat de son épée. Puis une des demoiselles lui ceignit l'épée, l'autre lui chaussa l'éperon. Don Quichotte ainsi reçu chevalier dans toutes les règles, et brûlant d'aller chercher les aventures, courut seller Rossinante, et tout à cheval vint embrasser son hôte, qui, ravi de s'en voir débarrassé, le laissa partir de grand cœur, sans lui rien réclamer pour sa dépense.

## CHAPITRE II.

Le berger et son maître. — Grand combat. — Don Quichotte est ramené chez lui. — Auto-da-fé de sa bibliothèque. — Nouvelles folies.

Le jour commençait à paraître, quand don Quichotte sortit de l'hôtellerie. Il reprit le chemin de son village, décidé à suivre les conseils de son hôte, touchant l'argent et l'écuyer dont il était nécessaire qu'il fût pourvu. Tout à coup, dans l'épaisseur d'un bois, il entendit des cris plaintifs. — O bonheur! s'écrie-t-il, le ciel veut que je remplisse dès aujourd'hui le plus saint devoir de ma profession. » Il se dirige aussitôt vers l'endroit d'où partaient les cris, et il aperçut un jeune garçon, nu de la ceinture en haut, et lié au pied d'un chêne. Un grand et vigoureux paysan le fustigeait avec une courroie, en accompagnant chaque coup d'un conseil ou d'une remontrance. Le malheureux répondait : — Pardonnez-moi, maître, désormais je veillerai mieux sur le troupeau.

Don Quichotte voyant cette barbarie, met la lance en arrêt et crie au paysan d'une voix courroucée : — Discourtois chevalier, l'action que vous faites est celle d'un lâche, montez à cheval et défendez-vous.

Le paysan, se croyant mort à la vue de ce fantôme armé, répondit avec soumission : — Seigneur chevalier, ce garçon est mon valet, et il garde si peu bien mes moutons, qu'il ne se passe point de jours qu'il n'en perde un.

— Le véritable motif pour lequel il me maltraite, répondit aussitôt le berger, est qu'il ne veut pas me payer mes gages, c'est-à-dire neuf mois, à raison de sept réaux chacun.

— Je ne lui dois pas tant, répliqua le paysan ; de ce compte il faut déduire trois paires de souliers et le prix de deux saignées qu'on lui a faites dans une maladie.

— Allons vite, déliez ce garçon, interrompit don Quichotte, et payez-le tout de suite, où je vous anéantis; les deux articles à rabattre iront pour les coups qu'il a reçus.

— Le malheur, dit le paysan qui se hâta de délier le berger, est que je n'ai pas d'argent sur moi; mais qu'André me suive jusqu'à la maison, et je le paierai jusqu'au dernier sou.

— Dieu m'en préserve, s'écrie le berger, nous ne serions pas plus tôt seuls qu'il m'écorcherait vif comme un saint Barthélemy.

— Il n'en fera rien, reprit notre héros, son respect pour moi en répond; et pourvu qu'il me le jure foi de chevalier, je le laisse libre et réponds du paiement.

— Le paysan s'empressa de jurer par tous les ordres de chevaleries possibles; et don Quichotte, piquant des deux Rossinante, s'éloigne au trot de son coursier.

Lorsque le laboureur l'eut perdu de vue, il dit à son valet :

— Venez un peu que je vous paie, comme ce redresseur de torts me l'a prescrit.

— Et bien vous ferez, répondit André, car autrement j'irai chercher et amènerai ce bon et digne chevalier pour vous châtier.

— Sans doute, mais pour augmenter le paiement, je veux augmenter la dette.

Et saisissant le berger, il l'attache de nouveau au chêne, et le fustige tant et si bien qu'il le laisse presque pour mort. Puis enfin, le détachant, il lui dit :

— Va chercher ton redresseur de torts, nous verrons comment il redressera celui-ci.

André partit, menaçant, mais à moitié écorché, tandis que son maître resta sain et sauf et riant à gorge déployée.

Pendant ce temps, notre héros chevauchait tout fier d'avoir réparé une iniquité si criante. Guidé par son instinct, Rossinante, à qui don Quichotte avait lâché la bride, avait pris le chemin de son écurie, quand tout à coup se montra à quelque distance une troupe de gens à cheval. C'étaient, comme on l'a su depuis, des marchands de Tolède, qui allaient acheter de la soie à Murcie. Ils étaient six avec des parasols, suivis de quatre valets montés et de trois garçons de mule à pied.

Don Quichotte s'imagine aussitôt que c'est une nouvelle aventure; et, se campant au milieu du chemin, il crie d'une voix arrogante aux voyageurs : — Qu'aucun de vous ne passe outre, s'il ne veut confesser que la chevalerie errante est la plus noble, la plus magnifique, et la plus sainte institution de la terre. Les marchands surpris s'arrêtèrent pour considérer l'étrange mine de notre héros; mais l'un d'eux, moins endurant que les autres, s'écria bientôt :

— Que veut donc ce fou, avec ses balivernes ?

— La chevalerie errante n'est point des balivernes, canaille infâme! reprend don

Quichotte enflammé de colère. Vous allez payer tout à l'heure votre insolence et ce blasphème.

A ces mots il court, la lance baissée, contre celui qui avait pris la parole; mais Rossinante fait un faux pas et tombe avec son maître, qui, embarrassé de son écu, de ses éperons et du poids de ses armes, ne put venir à bout de se relever. Mais s'il faisait de vains efforts, sa langue n'était pas inutile : — Ne fuyez pas, lâches, criait-t-il; sans la chute de mon cheval, vous seriez déjà châtiés. Un valet de mule, fatigué de ses injures et de ses bravades, saisit la lance du pauvre chevalier, la mit en pièce, et s'armant d'un des morceaux, le lui cassa sur le corps. Après ce débris vinrent les autres, et il ne cessa ce jeu qu'après avoir broyé notre héros comme le blé sous la meule. Enfin le dernier éclat rompu, le muletier rejoignit la troupe, qui continua son chemin.

Don Quichotte, se voyant seul, fit une

nouvelle tentative pour se relever; mais ainsi moulu et presque disloqué, il resta gisant à terre, repassant dans son esprit, comme fiche de consolation, toutes les disgrâces et mésaventures semblables, qui étaient arrivées aux autres chevaliers errants dont il avait lu l'histoire. Il nous serait impossible de reproduire toutes les extravagances qu'il débita pour lors, tant et si bien, qu'à la fin il attira l'attention d'un laboureur de son village qui venait de porter du blé au moulin, et passait sur la route. Cet homme, s'étant approché, détacha la visière à demi brisée du pauvre chevalier, lui lava le visage, et ne tarda pas à le reconnaître.

— Eh! bon Dieu! seigneur Quixada, lui demanda-t-il, qui vous a donc mis dans ce pitoyable état? Mais à toutes ses questions point de réponses, si ce n'est de nouvelles folies. Le paysan, voyant qu'il ne pouvait obtenir aucun éclaircissement raisonnable, chargea à grand'peine notre héros sur son âne, puis ramassant toutes les armes, sans oublier même les éclats de la lance, il en fit un faisceau, qu'il attacha sur Rossinante. Cela fait, il prit la bride du cheval d'une main, le licou de l'âne de l'autre, et dans ce bel équipage, et rêvant en lui-même à ce que pouvait signifier tout ce que disait don Quichotte, il s'achemina vers son village. Le jour finissait quand nos voyageurs y arrivèrent. Le laboureur conduisit don Quichotte à sa maison, où son absence avait mis tout en émoi. Le curé et le barbier du lieu, qui étaient ses meilleurs amis, étaient chez lui dans ce moment. La servante s'évertuait à crier :

— Qu'en dites-vous, monsieur le licencié Péro Pérez (c'était le nom du curé)? Voilà pourtant six jours entiers que notre maître est disparu! Maudits livres de chevalerie! Sur ma part de paradis, ce sont eux qui lui ont brouillé la cervelle.

— Ah! maître Nicolas, reprenait la nièce, en s'adressant au barbier, il faut que vous sachiez que bien des fois il est arrivé à mon oncle de passer deux jours et deux nuits de suite à dévorer ces dangereux bouquins! Souvent alors il se levait, s'escrimait avec son épée, contre les murailles, criait à tue-tête qu'il avait pourfendu quatre géants plus grands que des tours; et quand il était bien las, il buvait un verre d'eau froide, prétendant que c'était une liqueur précieuse dont lui avait fait don, pour guérir ses blessures, un grand enchanteur de ses amis, le sage Esquif.

— Nous nous sommes trop endormis sur le danger de ces livres, répondait le curé, mais demain ne se passera pas sans que j'en fasse un grand exemple.

Ils en étaient là, quand le laboureur, qui ramenait don Quichotte, frappa à la porte. On ouvrit, et les uns reconnaissant leur ami, l'autre son maître, l'autre son oncle, coururent pour l'embrasser.

— Arrêtez, leur dit froidement don Quichotte qui ne pouvait descendre de son âne, je suis très grièvement blessé par la faute de mon cheval. Qu'on me porte au lit, et qu'on fasse venir, s'il se peut, une sage fée, pour panser mes blessures.

— Eh bien! l'entendez-vous? cria la gouvernante. Ne vous l'avais-je pas bien dit? Venez avec nous, monsieur, nous vous guérirons bien, sans qu'aucune fée s'en mêle.

— On porta notre gentilhomme sur son lit; et comme en cherchant ses blessures on n'en trouvait aucune : — Je ne suis que froissé, dit-il, parce qu'en combattant dix terribles géants, mon cheval s'est abattu sous moi.

— Bon, reprit le curé, voici les géants en danse; demain, sans plus tarder, les livres seront brûlés.

On fit encore à don Quichotte d'autres questions auxquelles il ne répondit rien, sinon qu'il voulait manger et dormir. On lui obéit.

Le lendemain, tandis que le chevalier

goûtait encore les douceurs du sommeil, le curé, accompagné de son ami le barbier, se rendit à la maison du malade et se fit ouvrir la chambre où était la bibliothèque. La nièce et la gouvernante y entrèrent avec lui. Ils trouvèrent une centaine de gros volumes et quantité d'autres petits bien reliés et bien conditionnés.

— Qu'on les jette tous par la fenêtre; qu'on les ramasse en tas, et qu'on y mette le feu.

Tel fut l'avis qui fut adopté et suivi. Bientôt une épaisse colonne de fumée s'éleva de l'endroit de la cour qui donnait au-dessous de la fenêtre, et l'on entendit la voix de la gouvernante qui, remuant avec un long bâton les cendres, s'écriait avec un accent de triomphe :

— Dieu soit loué ! la victoire est à nous.

On eût dit que ce cri joyeux avait éveillé don Quichotte, car on l'entendit en ce moment même qui vociférait :

— A moi ! à moi ! valeureux chevaliers;

les courtisans remportent le prix du tournoi.

Tout le monde s'empressa d'accourir, et l'on trouva don Quichotte debout, donnant de grands coups d'estoc et de taille, et se livrant à mille extravagances. Ils se jetèrent tous sur lui, le désarmèrent, et parvinrent à le remettre sur le lit. Il se tourna pour lors vers le curé, et lui dit :

— N'est-ce pas une grande honte, que grâce à un vil enchanteur le prix du tournoi soit acquis aux chevaliers de la cour, quand depuis trois soleils nous en avons eu toute la gloire.

— Consolez-vous, répondit le curé; la chance tourne, et ce qui se perd aujourd'hui peut se gagner demain.

— J'y compte, monsieur l'archevêque, reprit don Quichotte; mais, pour l'heure, je n'ai besoin que de manger.

On lui servit à déjeûner; après quoi il se rendormit aussitôt.

Cette nuit-là même le curé et le barbier,

voulant couper jusqu'à la racine du mal, firent murer la porte du cabinet des livres, et recommandèrent à la nièce de dire à son oncle, lorsqu'il la demanderait, qu'un enchanteur les avait enlevés.

Deux jours après don Quichotte s'étant levé, n'eut rien de plus pressé que d'aller à sa bibliothèque. Jugez de sa stupéfaction lorsqu'il n'en trouva plus la porte. Il allait et venait, tâtait et retâtait avec ses mains, et, ne découvrant rien, il se décida enfin à demander ce qu'était devenu son cabinet de livres.

— C'est une bien singulière aventure, répondit sa nièce. Durant votre absence un enchanteur est venu sur une nue. Un dragon le portait. Il est entré dans votre bibliothèque : ce qu'il y fit, je l'ignore ; mais au bout de quelque temps, il s'envola par le toit, laissant la maison toute pleine de fumée. En partant, il déclara qu'il s'appelait Mougnaton.

— Ce n'est pas Mougnaton, dit don Quichotte, c'est Freston. Je le connais bien; c'est mon plus cruel ennemi, parce que son art lui a appris qu'un chevalier qu'il aime serait un jour vaincu par moi.

— Je n'en doute pas, répartit la nièce; mais, mon cher oncle, pourquoi vous mêler de toutes ces querelles, et courir ainsi par le monde après les aventures? Vous connaissez pourtant le proverbe : « Qui va chercher de la laine revient quelquefois tondu. »

— Apprenez qu'avant de me tondre, il y en aura beaucoup de pelés, répliqua don Quichotte, qui commençait à se mettre en colère. Et la conversation en resta là.

Notre chevalier demeura quinze jours entiers sans laisser soupçonner qu'il méditât une nouvelle campagne. Il s'en fallait pourtant de beaucoup qu'il eût renoncé à ses folies; il sollicitait en secret de le suivre, en qualité d'écuyer, un laboureur de ses voisins, homme de bien, quoique pauvre, mais qui n'avait pas beaucoup de cervelle dans la tête. Notre héros lui promettait monts et merveilles. — Rien de plus ordinaire, lui répétait-il à satiété, que de gagner, dans ce beau métier d'écuyer errant, le gouvernement d'une île. Sancho Pança (tel était le nom du paysan) se laissa surtout séduire par cette espérance, et il résolut de quitter femme et enfants pour suivre notre héros. Celui-ci, assuré d'un écuyer, songea, suivant le conseil de l'aubergiste, à ramasser de l'argent. Il vendit une pièce de terre, engagea l'autre, perdit sur toutes, et parvint à se faire une somme assez ronde. Puis, ayant réparé son armure, il convint avec Sancho du jour et de l'heure où ils partiraient. Il lui recommanda de se munir, entre autres choses, d'un bissac. Sancho promit de ne le point oublier, et ajouta que, n'étant point habitué à faire beaucoup de chemin à pied, il avait envie d'emmener avec lui son âne, excellente et vigoureuse bête. Le nom d'*âne* choqua bien un peu don Quichotte; il y consentit, toutefois, ayant fait réflexion qu'il donnerait à son écuyer le cheval du premier chevalier vaincu.

Tous leurs arrangements faits, don Quichotte et Sancho partirent par une belle nuit, sans avoir pris congé de personne, et marchèrent avec tant de hâte, qu'au point du jour ils ne craignaient plus de pouvoir être rattrapés. Sancho Pança allait comme un patriarche sur son âne, entre son bissac et sa grosse gourde, et dans une grande impatience de se voir gouverneur de l'île que son maître lui avait promise. Don Quichotte prit à travers cette même plaine de Montiel, où les rayons du soleil l'avaient tellement incommodé à sa première sortie.

Sancho Pança, qui ne pouvait rester longtemps muet, rompit le premier le silence :

— Seigneur chevalier errant, dit-il, je supplie votre Grâce de ne pas mettre en oubli l'île qu'elle m'a promise, car je la gouvernerai à merveille.

— Sois tranquille, ami Sancho, répondit don Quichotte, je serai plus généreux que tu ne penses; d'ordinaire les chevaliers errants attendaient que leurs écuyers fussent vieux avant de rémunérer leurs services, et encore se contentaient-ils de leur donner quelque piètre province avec le titre de comte et de marquis; mais moi, si le ciel nous laisse vivre, je pourrai bien, avant six jours, conquérir un si grand empire, qu'un des royaumes qui en dépendront sera justement ton affaire.

— Cela étant, répondit Sancho, je serais roi; Thérèse Guttierès, notre ménagère, serait donc reine, et mes petits drôles, infants.

— Qui en doute?

— Moi; car pleuvrait-il dix couronnes, je connais ma femme, pas une ne pourrait s'ajuster à sa tête; je vous en préviens, elle ne vaut pas deux maravédis pour être reine; comtesse, je ne dis pas, et encore.

— Ne t'en inquiète pas, ami, Dieu arrangera les choses pour le mieux. Pour toi, ne vas pas te contenter à moins d'un bon gouvernement.

— A cet égard, je m'en rapporte à votre seigneurie. Un maître bon et puissant saura bien ce qui me convient.

## CHAPITRE III.

*Comment le valeureux don Quichotte mit à fin l'épouvantable aventure des moulins à vent. — Combat entre le vaillant Biscaïen et l'intrépide chevalier de la Manche.*

Dans ce moment, don Quichotte découvrit de loin trente ou quarante moulins à vent.

— Ami! s'écria-t-il, la fortune nous favorise. Vois-tu là-bas cette troupe de terribles géants?

— Quels géants?

— Ceux que tu vois là, avec ces bras immenses, qui ont peut-être deux lieues de long.

— Prenez-y garde, monsieur, ce sont des moulins à vent; et ce qui vous paraît des bras sont leurs ailes.

— Ce sont des géants, te dis-je; leurs dépouilles vont commencer à nous enrichir. Va te mettre quelque part en prières, tandis que je vais entreprendre cet inégal combat.

A ces mots, il pique des deux Rossinante, en criant :

— Ne fuyez pas, lâches brigands; un seul chevalier vous attaque.

A l'instant le vent s'éleva, et les ailes tournèrent.

— Oh! remuez, si bon vous semble, plus de bras que n'en avait Briarée; vous me le paierez tout à l'heure.

Il dit, et, embrassant son écu, il se précipite, la lance en arrêt, sur l'aile du premier moulin, qui l'enlève, lui et son cheval, et les jette à vingt pas l'un de l'autre, tandis que la lance vole en éclats. Sancho s'empressa d'accourir au plus grand trot de

Il se précipite, la lance en arrêt, sur l'aile du premier moulin.

son âne, et trouva son maître pouvant à peine se remuer, tant la chute avait été lourde.

— Eh! palsembleu! lui dit-il, ne vous disais-je pas bien que c'étaient des moulins à vent? Il faut en avoir d'autres dans la tête pour en douter.

— Silence! ami Sancho, le métier de la guerre est sujet aux caprices du sort, surtout quand on a pour ennemi le redoutable enchanteur Freston, qui m'a déjà volé ma bibliothèque. C'est lui qui, pour m'ôter la gloire de les vaincre, a changé ces géants en moulins. Mais patience! il faudra bien que mon épée triomphe à la fin de sa malice.

— Ainsi soit-il! répondit Sancho, en l'aidant à remonter sur Rossinante, dont l'épaule était à demi déboîtée.

Don Quichotte prit le chemin du port Lapice, ne doutant pas qu'un lieu si passager ne fût fertile en aventures. Mais il regrettait beaucoup sa lance.

— Je me souviens, dit-il, d'avoir lu qu'un chevalier espagnol, ayant rompu son épée dans un combat, arracha une grosse branche d'un chêne avec laquelle il tua tant de Maures, qu'on le surnomma l'*assommeur*. Je veux l'imiter. Au premier chêne que je trouverai, je vais me tailler une massue, et cette arme me suffira pour accomplir de tels exploits, que le monde en sera étonné.

— Dieu le veuille! répondit Sancho, mais redressez-vous un peu, car vous allez tout de travers.

— Je t'avoue que je suis un peu froissé de ma chute; et, si je ne me plains pas, c'est qu'il est défendu aux chevaliers errants de le faire, quand même ils auraient le ventre ouvert.

— Diable! si cette défense s'étend aux écuyers errants, je ne sais comment je m'en tirerai; car je vous préviens qu'à la moindre égratignure je crie comme si l'on m'écorchait. Mais ne pensez-vous pas qu'il soit temps de dîner?

— Je n'ai besoin de rien; mais toi, tu peux manger si tu en as envie.

Sancho ne se le fit pas dire deux fois. Il s'arrangea sur son âne, tira de son bissac les provisions qu'il avait apportées, et s'en alla cheminant derrière son maître, mangeant et haussant de temps à autre la gourde avec tant de plaisir, qu'il n'est point d'Allemand dont il n'eût excité l'envie.

La nuit vint; ils la passèrent sous des arbres. Don Quichotte rompit une forte branche et y attacha le fer de sa lance, qu'il avait conservé. Il ne ferma pas l'œil, pour se conformer aux statuts de la chevalerie errante. Quant à Sancho, il ne fit qu'un somme jusqu'au lever du soleil, dont les rayons, qui lui donnaient sur le visage, ne l'auraient pas même éveillé, si son maître ne l'eût appelé cinq à six fois à tue-tête. Le premier soin du vigilant écuyer fut de saisir sa bouteille, qu'il s'affligea fort de trouver plus légère que la veille. Quant à don Quichotte, les grands projets qu'il avait bâtis pendant la nuit suffisaient, à ce qu'il paraît, à son appétit : il refusa de déjeûner. Ils se remirent en route et ne tardèrent pas à découvrir le port Lapice.

— C'est ici, Sancho, mon ami, s'écria don Quichotte, que nous pouvons enfoncer nos bras jusqu'au coude dans ce qu'on appelle *aventures*. Mais, sur toutes choses, souviens-toi de ne jamais mettre l'épée à la main quand tu me verrais dans le plus terrible danger; il ne t'est permis de combattre que dans le cas où ceux qui m'attaqueraient seraient de viles créatures comme toi; hors de ce cas, il t'est défendu de t'en mêler en aucune manière.

— Soyez tranquille, répondit Sancho, jamais ordre ne sera mieux exécuté. Je suis naturellement pacifique, ennemi du bruit et des querelles. Toutefois, qu'on ne s'en prenne pas à ma personne, autrement je tape.

— Tu en as le droit; du reste, il faut tenir en bride ta bravoure naturelle.

— Oh! monsieur, je la tiendrai. Soyez certain que je garderai ce précepte aussi religieusement que celui de ne rien faire le dimanche.

Comme il parlait, don Quichotte aperçut deux religieux bénédictins montés sur de grandes mules, qui lui parurent des dromadaires. Ils avaient leurs parasols et des lunettes de voyage. Derrière eux venaient deux valets à pied, et un coche entouré de quatre ou cinq cavaliers. Dans cette voiture était une dame de Biscaye qui s'en allait à Séville rejoindre son mari, prêt à s'embarquer pour les Indes. Les deux bénédictins, quoique suivant la même route, ne faisaient point partie du cortége de cette dame. Dès que don Quichotte les découvrit :

— Ou je me trompe fort, dit-il à son écuyer, ou voici une merveilleuse aventure. Ces fantômes noirs, qui viennent au-devant de nous, ne peuvent être que des enchanteurs qui ont enlevé quelque princesse et l'emmènent prisonnière dans ce coche. Il faut, à tout prix, que j'empêche cette violence.

— Eh! mais, monsieur, vous avez la berlue; vos fantômes sont deux moines, votre princesse prisonnière est une dame qui voyage.

Le bon Sancho avait beau s'évertuer à crier, don Quichotte était déjà loin. Il arrive auprès des bénédictins, et, se campant au milieu du chemin :

— Holà! dit-il avec arrogance, satellites du diable, rendez sur l'heure la liberté à ces hautes princesses que vous retenez captives; sinon, préparez-vous à recevoir le châtiment de votre crime.

Les bons pères, tout ébahis, arrêtèrent leurs mules.

— Seigneur chevalier, répondirent-ils, nous ne sommes point des satellites du diable, mais des religieux de saint Benoît, qui voyageons. Nous ignorons s'il y a dans le coche des princesses captives...

— Je ne me paie point de belles paroles, interrompit don Quichotte, perfide canaille ! En garde !

Aussitôt il court tête baissée contre un des religieux avec tant de furie, que le pauvre moine n'eut que le temps de se jeter à bas de sa mule. Son compagnon, effrayé, pique des deux et enfile la campagne plus vite que le vent.

Sancho, voyant le religieux à terre, saute prestement de son âne, se jette sur le bénédictin, et il se mettait déjà en devoir de le dépouiller, quand les deux valets arrivèrent et demandèrent à l'écuyer errant pourquoi il lui ôtait ses habits.

— Parce qu'ils m'appartiennent, répondit Sancho. Monseigneur don Quichotte a gagné la bataille ; il est clair que les dépouilles des vaincus sont à moi.

Les valets, qui n'entendaient pas bien les lois de la chevalerie, tombent sur Sancho, le renversent par terre, le rouent de coups et ne lui laissent pas un poil de barbe au menton.

Cependant le bénédictin, qui n'avait eu d'autre mal que la peur, remonte sur sa mule, et se hâte de rejoindre son compagnon, qui, arrêté au milieu des champs, regardait ce qui se passait. Et tous les deux, se souciant peu d'attendre la fin de l'aventure, poursuivent grand train leur route, en faisant des signes de croix.

Don Quichotte s'était pendant ce temps empressé de joindre le coche, et se tenant à la portière, il haranguait en ces termes la dame Biscayenne :

— Vous n'êtes plus captive, madame, ce bras vient de châtier l'audace de vos ravisseurs. Vous désirez, sans doute, connaître le nom de votre libérateur : apprenez que je suis don Quichotte de la Manche, chevalier errant.

Un cavalier Biscayen, qui accompagnait le carrosse, écoutait ce beau discours, auquel il ne comprenait pas grand'chose; à la fin, fatigué de son verbiage, il s'approche de don Quichotte, et le tirant rudement par la lance, il lui dit en son mauvais patois :

— Va-t'en, cavélier, qué mal vas ; par le Dieu qui me créé, si toi ne nous laisses tranquilles, moi te tue, comme suis Biscayen.

— Misérable, répondit don Quichotte, si tu étais chevalier, j'aurais déjà châtié ton insolence.

— Moi non chevalier ! reprit l'autre, moi Biscayen, gentilhomme per terre, per mer, per le diable ; toi mentir, ainsi chette ton lance et ton épée.

A ces mots don Quichotte jette sa lance, dégaîne son épée, embrasse son écu, et fond résolument sur le Biscayen, qui n'a que le temps de mettre aussi l'épée à la main, et de saisir un coussin de la voiture pour lui servir de bouclier. Une lutte terrible s'engage.

Le Biscayen porte le premier un si furieux coup, que, sans son écu, notre héros était fendu jusqu'à la ceinture. Le fer tomba seulement à plat sur l'épaule, enleva tout ce côté de l'armure, une portion du casque et la moitié de l'oreille. Don Quichotte pousse un grand cri : — Génie protecteur de la chevalerie, dit-il, secourez-moi ! Prononcer ces mots, lever son glaive, et se précipiter sur le Biscayen, fut aussi prompt que l'éclair. Le choc fut épouvantable. L'épée de notre chevalier tomba comme une montagne sur la tête de son ennemi. Malgré le coussin qui la défendait, le coup fut tel, que le sang coula dans l'instant, par le nez, par la bouche et par les oreilles du malheureux Biscayen. Il étend les bras, abandonne les étriers, et sa mule effrayée, sautant et ruant, le jette à terre. Don Quichotte s'élance aussitôt de dessus Rossinante, vole à lui, lui présente la pointe de l'épée au visage, et lui crie de se rendre, ou qu'il va lui couper la gorge. Le pauvre Biscayen était si étourdi qu'il ne pouvait former une parole. Dans sa fureur, don Quichotte ne l'aurait pas épargné, si la dame du coche, jusque-là tremblante spectatrice du combat, n'était venue demander au vainqueur la grâce de son écuyer.

— Qu'il vive donc! répondit notre héros avec une gravité fière, puisque vous le désirez, illustre dame; qu'il jouisse d'une faveur dont son arrogance le rendait indigne. Je n'y mets qu'une condition, c'est qu'il proclame en tous lieux la honte de sa défaite, et la magnanimité de son vainqueur.

### CHAPITRE IV.

Conversation entre don Quichotte et Sancho Pança. — Arrivée et séjour chez les chevriers.

Sancho, à peine hors des mains des valets des bénédictins, était resté témoin du combat, en priant Dieu pour don Quichotte. Après son triomphe, et le voyant prêt à monter à cheval, il courut se précipiter à ses genoux, et lui baisant la main, il lui dit :

— Monseigneur et maître, s'il vous est agréable de me donner l'île que vous venez de gagner, je me fais fort de la gouverner aussi bien qu'homme du monde.

— Ami Sancho, répondit don Quichotte, ce ne sont point ici des aventures d'îles, mais de simples rencontres où tous les profits se bornent souvent à revenir avec la tête cassée ou une oreille de moins. Prends patience, une autre occasion te vaudra le gouvernement promis.

Sancho se confondit en remerciements, lui baisa de nouveau la main, et l'ayant aidé à monter sur Rossinante, il le suivit au trot de son âne. Notre héros quitta le grand chemin à peu de distance et entra dans un bois.

— Monseigneur, lui dit l'écuyer, je pense qu'il serait prudent de nous retirer dans quelque lieu sûr ; vous avez laissé bien malade celui que vous avez combattu, et si la justice en a connaissance, nous pourrions très-bien être coffrés, et une fois en prison, il passera bien de l'eau sous le pont avant qu'on nous en tire.

— Tais-toi, reprit don Quichotte: où as-tu jamais vu qu'un chevalier errant ait été traduit en justice? Ne crains rien, mon enfant; et si la sainte hermandad venait pour nous prendre, c'est moi qui la ferais captive. Mais, dis-moi, as-tu jamais trouvé dans les histoires que tu as lues, un plus vaillant chevalier que moi?

— La vérité est, dit Sancho, que je n'ai jamais rien lu de semblable, car je ne sais ni lire ni écrire. Mais, monsieur, si nous pansions votre oreille? Il en sort beaucoup de sang, et j'ai heureusement de la charpie et de l'onguent blanc dans mon bissac.

— Que nous nous passerions bien de tout cela, si j'avais songé à faire une petite fiole du baume de Fier-à-bras!

— Qu'est-ce que cette drogue-là?

— C'est un baume dont j'ai la recette, avec lequel on se moque des blessures et de la mort. Quand une fois je l'aurai fait, ami Sancho, et que je t'en aurai donné, si dans un combat, tu me vois coupé par le milieu du corps, ce qui nous arrive fréquemment, tu n'auras qu'à ramasser la moitié qui sera par terre, et la rejoindre à l'autre avant que le sang se fige, en prenant garde de les bien ajuster ensemble; après cela, tu me feras boire seulement deux doigts de ce baume, et je reviendrai sur l'heure aussi frais et aussi sain qu'auparavant.

— Ah! s'il en est ainsi, je renonce dès ce moment au gouvernement de l'île, et pour toute récompense, je ne demande que la recette de ce baume. Je suis toujours sûr de la vendre partout deux ou trois réaux l'once, et cela me suffira pour passer ma vie honorablement. Mais, monsieur, ce baume coûte-il beaucoup à faire?

— Avec trois réaux, on en a plus de six pintes.

— Enseignez-moi cette recette tout à l'heure, que nous en fassions deux ou trois poinçons!

— Ce secret n'est rien, je t'en réserve bien d'autres. A présent, panse mon oreille, elle me fait plus de mal que je ne le fais paraître.

Sancho tira de sa besace de l'onguent et de la charpie, mais quand don Quichotte s'aperçut que son casque était brisé, il fut sur le point de perdre le peu de jugement qui lui restait. Il se mit à débiter cent folies, jurant d'exterminer tous les chevaliers qu'il rencontrerait, jusqu'à ce qu'il eût reconquis un casque aussi bon, aussi précieux que celui dont il déplorait le pitoyable état.

Sancho finit néanmoins par le calmer.

— Ami, lui dit alors don Quichotte, regarde dans ton bissac, si tu n'as pas quelque chose à manger, en attendant que nous puissions gagner quelque château pour passer la nuit, et faire mon baume, car, à dire vrai, je souffre beaucoup de mon oreille.

— J'ai bien là quelques bribes de pain avec un oignon et du fromage; mais ce ne sont pas là des mets à offrir à un vaillant chevalier comme vous.

— Tu me connais mal, ami. Sache que les chevaliers errants ne se mettaient jamais à table, si ce n'est dans les somptueux banquets des rois. Le reste du temps ils ne se nourrissaient guère que de leurs pensées; mais, comme à la longue quelque chose de plus substantiel leur était sans doute nécessaire, il est à croire que dans les forêts et les déserts qu'ils parcouraient sans y rencontrer de cuisinier, leurs repas étaient quelques mets rustiques, tels que ceux que tu me présentes. Ne cherchons donc pas à innover; suivons plutôt leur exemple.

— En ce cas, monsieur, je fournirai le bissac suivant les règles de la chevalerie : de fruits secs pour vous, et pour moi, qui ne suis encore qu'un simple écuyer, de quelque chose de plus nourrissant.

— Je ne t'ai pas dit que nous soyons obligés de ne manger que des fruits, mais qu'il était probable que c'était la nourriture ordinaire des chevaliers, ainsi que certaines herbes, qu'ils connaissaient parfaitement, et que je connais aussi.

— Dieu soit loué! Combien je suis aise que vous connaissiez ces herbes-là, car j'ai un pressentiment que nous en aurons besoin quelque jour.

Tout en devisant de la sorte, nos deux aventuriers prenaient leur frugal repas. Le désir de trouver un gîte avant la nuit le leur fit abréger; mais malgré leur diligence le soleil, déjà couché, les força de gagner quelques cabanes de chevriers, qu'ils découvrirent près de là. Pour cette fois encore, il leur fallut se passer de château.

Notre héros fut bien accueilli par les bergers: Sancho ayant promptement accommodé de son mieux Rossinante et son âne, accourut à l'odeur de quelques morceaux de chevreau qui rôtissaient. Le bon écuyer jetait sur eux un œil de convoitise, et attendait avec impatience que les chevriers les eussent retirés du feu pour les placer sur des peaux qu'ils étendirent par terre en guise de nappe. Ce rustique couvert étant mis, ces bonnes gens, au nombre de six, invitèrent amicalement leurs hôtes à s'asseoir au milieu d'eux. Pour faire honneur à don Quichotte, et lui donner un siége distingué, ils renversèrent une auge, sur laquelle le héros prit place. Sancho se tenait derrière lui, prêt à lui servir à boire dans une grande coupe de corne. Son maître le voyant debout, lui dit :

— Afin que tu saches, ô Sancho! combien la chevalerie renferme d'excellentes choses, combien tous ceux qui ont quelque rapport avec elle sont près d'arriver aux honneurs, je veux que tu te places à mes côtés, que tu ne fasses qu'un avec ton maître, que tu manges et boives avec lui. La chevalerie est mère de l'égalité.

— Je remercie votre seigneurie, répondit Sancho : mais, pourvu qu'il ne me manque rien, j'aimerais mieux manger seul, debout, qu'assis à côté d'un empereur ; et, pour vous parler franchement, je m'accommoderais aussi bien d'un morceau de pain bis avec un oignon, dans un petit coin, sans façon et sans contrainte, que d'un coq d'Inde rôti servi sur ces grandes tables où l'on est obligé de mâcher doucement, de boire à petits coups, de s'essuyer la bouche, sans oser tousser ni éternuer, quelque envie qu'il en prenne.

— Allons ! trêve de discours, mets-toi là ; Dieu élève celui qui s'humilie.

Et le prenant par le bras, il le força de s'asseoir près de lui.

Les chevriers, qui n'entendaient rien à ce jargon, les écoutaient en silence, mangeant et regardant leurs hôtes, qui de temps en temps avalaient des morceaux gros comme le poing. Le service des viandes achevé, on le remplaça par un fromage aussi dur que du ciment, et par une grande quantité de noisettes. Pendant ce temps la grande coupe de corne circulait à la ronde, si bien qu'à la fin du souper, de deux outres de vin, il n'en restait plus qu'une.

Don Quichotte étant bien rassassié, prit une poignée de noisettes, et les considérant attentivement :

— Heureux siècle! s'écria-t-il, que nos pères avaient nommé l'âge d'or, non pas que l'or, divinité de notre siècle de fer, fût plus commun, ni qu'on le tirât avec moins de peine des entrailles de la terre, mais parce qu'on ne connaissait pas ces deux funestes paroles, le *tien* et le *mien*, qui ont divisé le monde. Dans cet âge sacré, tous les mortels naissaient avec un droit égal à tous les biens de la terre; ils n'avaient besoin pour soutenir leur vie que de cueillir les fruits savoureux que leur prodiguaient les arbres. Les fontaines et les ruisseaux limpides leur fournissaient leurs ondes bienfaisantes. Les laborieuses abeilles leur abandonnaient libéralement le miel délicieux qu'elles tiraient des fleurs; de simples huttes tenaient lieu de maisons et de palais. La paix, l'amitié, gouvernaient le monde. Nul ne pouvait tromper; le mensonge était inconnu. La justice, toujours le bandeau sur les yeux, ne connaissait ni la faveur ni l'intérêt. Ce n'est que dans les siècles suivants que ces deux monstres ont pris naissance, et que, glissant un venin subtil dans le cœur des hommes, ils ont étouffé l'équité qui leur était naturelle. Mais à présent, partout attaquée, la vertu n'a plus d'asile. Le crime marche tête levée, et règne sur cet univers. Aussi, pour opposer une digue aux affreux progrès de la corruption et protéger l'innocence, on se vit bientôt obligé d'instituer la chevalerie errante, qui seule fournit du moins quelques défenseurs à la veuve, quelques appuis à l'orphelin. Je suis de cet ordre-là, mes bons amis, et je vous prie de recevoir mes sincères remerciements du bon accueil que vous m'avez fait, à moi et à mon écuyer.

Ce fut une poignée de noisettes qui avait rappelé l'âge d'or à notre chevalier, et avait valu cette belle harangue aux chevriers, qui s'en seraient fort bien passés, et n'y comprirent pas grand'chose. Sancho n'avait pas soufflé mot, mais il n'était pas demeuré oisif. Il s'était rempli de fromage et de noisettes, sans perdre un seul coup de dent, que pour visiter de temps en temps la seconde outre de vin qu'on avait pendue à un liége pour la tenir plus au frais.

Don Quichotte ayant fini son discours, allait en recommencer un autre, lorsque Sancho, qui avait plus envie de dormir que de l'écouter, s'y opposa.

— Votre seigneurie, dit-il, ne réfléchit pas que ces bonnes gens ont travaillé toute la journée, et qu'ils ont besoin de repos.

— Je te comprends, Sancho, tes fréquentes visites à l'outre de vin t'ont rendu la tête lourde.

— Dieu soit béni! mais chacun de nous en a bien pris sa part.

— J'en conviens, répliqua le héros; mais va dormir si tu veux, ceux de ma profession veillent sans cesse. Viens auparavant panser mon oreille.

Un des chevriers voulut voir la blessure, et il assura don Quichotte qu'avec le remède qu'il allait lui donner, il serait promptement guéri. En effet, il courut chercher quelques feuilles de romarin qu'il mâcha, et dont il fit avec du sel une espèce de cataplasme, qui, appliqué sur le mal, suspendit bientôt la douleur. Cela fait, don Quichotte se retira dans une cabane pour passer la nuit, et l'écuyer, s'arrangeant sur de la paille entre son âne et Rossinante, s'étendit tout de son long, et dormit comme un homme harassé de fatigue et qui n'avait pas l'estomac vide.

## CHAPITRE V.

Grand combat contre des muletiers yangois. — Aventures de l'hôtellerie. — Don Quichotte est battu, et Sancho berné.

Le lendemain notre chevalier et son écuyer, ayant pris congé de leurs hôtes, se dirigèrent vers un bois, où ils entrèrent. Ils y marchaient environ depuis deux heures, lorsqu'ils se trouvèrent dans une belle prairie qu'arrosait un clair ruisseau. Séduits par l'aspect du lieu, ils mirent pied à terre, laissèrent Rossinante et l'âne paître en liberté, et, s'asseyant eux-mêmes sur l'herbe fraîche et fleurie, fouillèrent dans le bissac, et, sans cérémonie, mangèrent ensemble ce qu'il contenait. Sancho, connaissant l'humeur pacifique de Rossinante, ne s'était pas avisé de lui mettre d'entraves; mais ne voilà-t-il pas que le diable, qui ne dort jamais, fit trouver en cet endroit une troupe de chevaux de Galice, conduite par des muletiers yangois qui s'étaient arrêtés dans ces prés, selon leur coutume, pour faire la méridienne.

Rossinante ne flaira pas plus tôt cette compagnie, qu'en dépit de son caractère bénin il lui prit fantaisie d'aller folâtrer avec elle. Aussitôt, et sans en demander permission à son maître, il relève sa maigre encolure, prend un petit trot gaillard, et vient caracoler autour des chevaux de Galice. Ceux-ci, qui sans doute avaient plus besoin de manger que d'envie de rire, le reçurent avec des ruades, et firent si bien des pieds et des dents, qu'en un clin d'œil ils brisèrent harnais et selle, et le mirent nu et couvert de contusions. Pour surcroît de malheur, les muletiers accoururent avec leurs pieux ferrés et en donnèrent tant de coups au pauvre Rossinante qu'ils l'étendirent par terre.

Cependant don Quichotte et Sancho volent au secours de la victime, mettent flamberge au vent, et fondent sur les Yangois, qui, enveloppant nos héros, commencèrent à instrumenter sur eux de la bonne manière avec leurs épieux ferrés. Sancho fut le premier à bas; don Quichotte, malgré son adresse et son courage, le suivit bientôt, et alla tomber aux pieds de Rossinante. Les muletiers, craignant de les avoir trop corrigés, rassemblèrent leurs chevaux à la hâte et partirent promptement.

Le premier qui revint à lui fut le triste Sancho, qui, d'une voix faible et dolente, s'écria :

— Seigneur don Quichotte! ah! monseigneur don Quichotte!...

— Que veux-tu, ami Sancho? répondit le chevalier avec un accent non moins lamentable.

— N'y aurait-il pas moyen que vous me donnassiez deux doigts de cet excellent breuvage de Fier-à-bras? Il est peut-être aussi bon pour les os rompus que pour les blessures?

— Hé! mon cher ami, si j'en avais, qu'aurions-nous besoin d'autre chose? Mais je te jure, foi de chevalier errant, qu'avant deux jours notre provision sera faite, si je ne perds l'usage de mes mains.

— Deux jours! Et quand pensez-vous que nous aurons recouvré l'usage de nos pieds?

— La vérité est que je ne saurais qu'en dire à la manière dont je me sens, répondit le moulu chevalier en poussant un profond soupir. Hélas! hélas! la vertu des chevaliers errants est souvent bien éprouvée! A la veille de devenir rois et empereurs, ils sont quelquefois assommés!

— Pourvu que je ne le sois pas avant d'obtenir le gouvernement de l'île que vous m'avez promise!

— Tu l'auras, ami Sancho, tu l'auras. Mais laissons là tous ces discours, et voyons un peu comment se porte Rossinante; car il a eu sa bonne part de l'aventure.

— Pardi! pourquoi en serait-il exempt?

est-il moins chevalier errant que les autres? Ce qui me réjouit l'âme, c'est que mon âne s'en est tiré sans qu'il lui en coûte un seul poil.

— Dans les plus grandes disgrâces la Fortune, tu le vois, laisse toujours quelque porte pour en sortir. A défaut de Rossinante, je ne tiendrai point à déshonneur d'être porté par ton âne dans quelque château où l'on pansera mes blessures; car je me rappelle avoir lu que le nourricier du dieu Bacchus, le bon Silène, fit son entrée dans la ville aux cent portes (1) monté sur le plus bel âne du monde. Lève-toi donc, amène ton âne, et sortons de ces déserts avant la nuit.

Le pauvre écuyer fit alors un puissant effort pour quitter la terre; et, en poussant plus de cent soupirs mêlés d'autant de *ouf!* et de *aïe!* il parvint à se remettre sur les pieds, demeurant toutefois à moitié chemin,

(1) Thèbes.

courbé comme un arc. Dans cette étrange posture, il marcha vers son âne, qui s'en donnait à plaisir dans la prairie. De là Sancho alla relever Rossinante, à qui la parole manquait pour se plaindre autant que son seule maître. Enfin l'écuyer, suant à grosses gouttes, plaça don Quichotte en travers sur l'âne, attacha Rossinante à la queue, et, prenant à sa main le licou, il s'achemina vers la grande route. Au bout de trois quarts d'heure ils découvrirent une hôtellerie, qu'en dépit des protestations de Sancho, notre héros ne manqua pas, selon son habitude, de prendre pour un château. La dispute n'était pas finie encore lorsque l'écuyer entra sous la porte avec sa petite caravane.

L'aubergiste, surpris de voir cet homme de travers sur un âne, s'empressa de demander à Sancho quel mal il avait. Celui-ci répondit que ce n'était rien, qu'i était seulement tombé du haut d'une montagne en bas, et qu'il avat les côtes tant soit peu froissées. La femme de l'hôte était, par hasard, bonne et charitable; elle accourut pour soigner Don Quichotte, accompagnée par une servante, dont nous devons à la vérité de donner ici le portrait. Son visage, plus large que long, tenait à une tête aplatie; son nez était écrasé, un de ses yeux louche et l'autre malade, sa taille était d'environ trois pieds et ses épaules, s'élevant en voûte au-dessus du cou, la forçaient de regarder à terre. Maritorne était son nom. Cette gentille personne aida l'hôtesse à panser Don Quichotte, et elles lui dressèrent ensuite, dans une espèce de grenier, un lit formé de trois ou quatre ais mal joints, posés sur deux bancs inégaux, d'un matelas plus dur que les planches mêmes, et de draps qu'on aurait plutôt pris pour du cuir que pour de la toile. Ce fut dans ce grabat que se coucha Don Quichotte, à qui l'on mit des emplâtres depuis les pieds jusqu'à la tête.

— Madame, dit Sancho à l'hôtesse, gardez, s'il vous plaît, quelques emplâtres, il me semble que les reins me font mal.

— Vous êtes donc tombé aussi?

— Non, mais quand j'ai vu la chute de mon maître, j'ai ressenti une si grande frayeur, que tout mon corps en est resté brisé, comme si l'on m'eût appliqué mille coups de bâton.

— Et comment s'appelle-t-il, votre maître? interrompit Maritorne.

— Don Quichotte de la Manche! chevalier errant, l'un des plus francs et des plus braves que l'on ait jamais vus.

— Chevalier errant! qu'est-ce que cela?

— C'est une chose, répliqua judicieusement Sancho, qui se voit toujours à la veille d'être empereur ou roué de coups de bâton.

Don Quichotte, qui écoutait attentivement cette conversation, crut qu'il était de la civilité d'intervenir, en conséquence, il dit :

— Magnifiques châtelaines, ce n'est pas un hasard malheureux pour vous qui m'amène dans votre palais. Interrogez mon écuyer, il vous dira qui je suis; car il ne m'appartient pas de me louer moi-même. Je me borne à vous remercier de vos soins, ils ne sortiront jamais de ma mémoire reconnaissante.

Châtelaines! palais! Maritorne et l'hôtesse ne comprenaient pas plus ces mots, que si cela eût été du grec. Toutefois, se doutant que le chevalier ne leur voulait rien dire que de très-agréable, elles s'efforcèrent de lui répondre par des politesses en termes d'hôtellerie; et après l'avoir salué fort humblement, elles se retirèrent.

Dans ce même grenier où on avait couché Don Quichotte, un muletier s'était aussi fait un lit des bâts et des couvertures de ses mulets, mais un lit beaucoup meilleur que celui de notre chevalier. Sancho le trouva fort à sa guise, et sans plus de cérémonie, s'étendit dedans, et ne tarda pas à s'endormir. Don Quichotte, lui, ne rêvant que d'aventures et d'enchantements, avait les yeux ouverts comme un lièvre. Toute l'hôtellerie était dans un repos profond; une seule lampe y brûlait pendue sous la grande porte. Cependant, le muletier, ayant donné l'avoine à ses mulets, s'en vint pour se coucher, et pour ne point éveiller ses voisins, il arriva sans lumière, et faisant le moins de bruit possible. Il marchait en tâtonnant pour ne pas se heurter. Don Quichotte qui avait l'oreille au guet, s'imagina aussitôt que c'était l'enchanteur Freston qui voulait le surprendre à l'improviste; se mettant donc sur son séant, malgré ses emplâtres et ses douleurs, il tendit les bras pour saisir son ennemi, et engager avec lui une lutte désespérée. Le muletier vint tomber juste sur le bord de son lit; aussitôt notre chevalier l'empoigne et s'écrie : — Je te tiens, misérable! tu es mon prisonnier!

Le muletier voulut passer outre, mais impatienté des efforts que faisait notre héros pour s'emparer de lui, il élève son poing

4.

fermé de toute la hauteur de son bras, et en décharge un coup terrible, juste sur les deux mâchoires du malencontreux chevalier. Non content de cette vengeance, il s'élance sur le lit qu'il parcourt dans toute sa longueur, en foulant Don Quichotte sous ses larges pieds et ses souliers ferrés. Le lit ne peut soutenir cette double charge, il craque, se brise et tombe par terre. Satisfait de son expédition, le muletier va se coucher, il lève la couverture, il veut s'étendre, il en est empêché par Sancho, profondément endormi. Furieux, il lui administre deux ou trois bonnes gourmades. Celui-ci, s'éveillant à demi, et croyant avoir le cauchemar, commence à donner de tous côtés de grands coups de poing, si bien que le muletier, perdant toute patience, frappe le pauvre écuyer sur l'estomac et le visage avec une telle force, que Sancho ne tarde pas à être complétement éveillé. Se voyant traité de la sorte, et ne sachant pourquoi, il se précipite sur son adversaire, le saisit à bras le corps, et il recommence entre eux la plus plaisante escarmouche qu'on ait jamais vue.

Ce bruit attire l'attention de l'aubergiste. Il allume une lampe, accourt et veut mettre la paix entre les combattants; mais la lampe s'éteint au milieu du tumulte, et le tapage n'en devient que plus fort.

Un archer de la sainte hermandad, logé dans l'hôtellerie, entendant tout ce tintamarre, se leva, prit sa baguette, la boîte de fer-blanc où étaient ses titres, et entrant, sans voir goutte sur le champ de bataille, se mit à crier:

— Holà! tous, de par le roi et la sainte hermandad!

Le premier qui tomba sous sa main fut le moulu Don Quichotte, qui gisait évanoui dans les ruines de son lit. L'ayant pris à tâtons par la barbe et ne le sentant point remuer, l'archer cria plus fort:

— Qu'on ferme les portes! on a tué ici un homme.

Ces paroles firent peur à tout le monde. La bataille aussitôt cessa. L'aubergiste se retira dans sa chambre; Sancho près de son maître; le muletier resta dans son lit. L'archer voulut aller chercher de la lumière pour s'assurer des coupables; mais l'hôte en s'en retournant avait exprès éteint la lampe de la porte, et il fut obligé de recourir à la cheminée, où il souffla pendant une heure avant de pouvoir rallumer du feu.

Pendant ce temps, Don Quichotte un peu revenu de son étourdissement, commença d'un ton de voix lamentable à s'écrier :

— Ami Sancho! dors-tu? dors-tu, ami Sancho!

— Eh! morbleu! qui pourrait dormir? répondit Sancho en colère, quand tous les diables d'enfer sont déchaînés contre moi.

— Ah! tu n'en dois pas douter; ou je ne m'y connais pas ou ce château est enchanté. Si je suis dans ce pitoyable état, c'est grâce à l'infâme Freston, qui, profitant de ma faiblesse, m'a traîtreusement accablé des plus mauvais traitements.

En ce moment parut l'archer, qui avait enfin allumé sa lampe. Sancho, qui l'aperçut le premier, le désigna du doigt à Don Quichotte, en disant :

— Ne serait-ce point là votre enchanteur Freston, qui vient voir s'il nous reste quelque côte à briser?

Cependant l'archer, surpris de trouver, au lieu d'un homme assassiné, deux individus s'entretenant si paisiblement, s'approcha de Don Quichotte et lui dit :

— Hé bien! bon homme, comment allez-vous?

— Rustre que vous êtes, répondit notre héros, est-ce ainsi qu'on parle aux chevaliers errants dans votre pays?

L'archer, naturellement colère, se fâcha, et lança de toute sa force sa lampe à la tête de l'infortuné chevalier ; après quoi il se retira.

Pour cette fois, s'écria Don Quichotte, je me range à ton avis, ami Sancho. Ce perfide ne peut être que mon implacable ennemi, le farouche Freston. Mais lève-toi, et va demander au gouverneur de cette forteresse un peu d'huile, du sel, du vin et du romarin; car je veux composer sur l'heure mon excellent baume de Fier-à-bras, avec lequel nous serons guéris en un clin d'œil.

Sancho se hâta d'obéir; mais en allant à tâtons chercher l'aubergiste, il rencontra l'archer qui écoutait à la porte.

— Monsieur, lui dit-il, qui que vous soyez, ayez la charité de nous donner un peu de romarin, avec du sel, du vin et de l'huile, pour guérir un des meilleurs chevaliers errants de la terre, que l'enchanteur Freston a grièvement blessé.

A ce discours l'archer ne douta plus que Sancho n'eût perdu l'esprit. Il appela néanmoins l'aubergiste, qui donna de grand cœur ce que demandait l'écuyer. Sancho se hâta de le porter à son maître. Celui-ci mêla le tout ensemble et ordonna qu'on le fît bouillir. Ce breuvage ainsi préparé fut versé dans une burette de fer-blanc, où l'aubergiste mettait ordinairement son huile. Don Quichotte prononça ensuite sur cette burette des paroles sacramentelles, accompagnées de contorsions toutes plus burlesques les unes que les autres; puis, impatient d'éprouver la vertu de son baume, il avala d'un seul trait tout ce qui n'avait pas pu entrer dans la burette, c'est-à-dire la valeur d'une demi-pinte.

L'effet fut prompt et semblable à celui d'un fort émétique. Une abondante sueur en fut la suite, et un sommeil de trois bonnes heures répara si bien les forces du chevalier, qu'il se réveilla presque guéri. Dès lors, il ne douta plus qu'avec son baume de Fier-à-bras il ne pût affronter tous les périls.

Sancho, émerveillé de la cure, pria instamment son maître de lui donner ce qui restait dans la burette. Don Quichotte y consentit, et Sancho en avala résolument presque autant qu'en avait bu notre héros. Mais la dose apparemment était trop faible pour l'écuyer. Le malheureux eut des nausées et des tranchées si violentes, que se roulant par terre, et se croyant à sa dernière heure, il se mit à maudire et le baume, et le traître qui le lui avait donné.

— Ami Sancho, lui dit gravement Don Quichotte, ceci ne t'arrive probablement que parce que tu n'es pas armé chevalier. Il est vraisemblable que ce breuvage n'est salutaire que pour eux.

Que ne le disiez-vous donc? disait Sancho presque à l'agonie. Il est bien temps de m'en avertir.

Cependant don Quichotte, se sentant tout ragaillardi, ne voulut pas perdre un instant à se mettre en quête d'aventures. Il alla lui-même seller Rossinante, mit le bât sur l'âne, et l'écuyer sur le bât, après lui avoir aidé à s'habiller. Bientôt à cheval, il appelle l'hôte, qui entouré de sa famille et d'une vingtaine de personnes, l'examinait avec autant de surprise que d'attention.

— Seigneur châtelain, lui dit-il, d'une voix grave et posée, je serais un ingrat si j'oubliais jamais votre courtoisie. Veuillez me dire si vous avez quelque service à réclamer de moi, je vous promets, par l'ordre de chevalerie, que vous serez bientôt satisfait.

— Seigneur chevalier, je ne réclame rien que le paiement de la dépense que vous avez faite cette nuit, vous, votre écuyer et vos bêtes, dans mon auberge.

— Comment! est-ce que ceci est une auberge?

— Sans doute.

— C'est singulier, j'avais toujours cru que c'était un magnifique château. Mais, au fait, peu importe. Les règles de la chevalerie s'opposent à ce que je vous paie. On est obligé d'héberger gratuitement les chevaliers errants, en récompense des peines innombrables qu'ils se donnent pour le service du public.

— Je me moque bien de vos balivernes, moi. Allons! payez!

— Vous êtes un fat et un méchant hôte.

En prononçant ces derniers mots, don Quichotte sort de l'hôtellerie sans que personne l'arrête et sans songer à regarder si son écuyer le suivait.

L'aubergiste, le voyant parti, voulut se faire payer par Sancho, qui lui opposa le même refus que son maître. Malheureusement se trouvaient alors dans l'auberge quelques jeunes gens de Séville et de Cordoue, tous aimant fort à se réjouir, surtout aux dépens d'autrui. D'un commun accord ils s'approchent de Sancho, le descendent de dessus son âne, envoient chercher une couverture, dont chacun saisit un des quatre coins, placent au milieu le pauvre écuyer, et s'amusent à le faire voler à douze ou quinze pieds en l'air, le recevant et le renvoyant à peu près comme un gros ballon. Les cris affreux du malheureux berné arrivèrent jusqu'aux oreilles de son maître, qui revint, de toute la vitesse de Rossinante, vers la porte de l'hôtellerie qu'il trouva fermée. Don Quichotte, faisant le tour des murs pour découvrir une autre entrée, aperçut les voltiges de son triste écuyer : obligé de demeurer paisible spectateur de cette ridicule scène, il s'en dédommagea en accablant d'injures les impitoyables berneurs, qui ne cessèrent leur jeu que de guerre las.

Remis enfin par eux sur son âne, Sancho demanda à boire. La compatissante Maritorne lui apporta aussitôt un verre de vin. Sancho le portait à ses lèvres; don Quichotte lui cria :

— Prends garde, mon fils, ne bois point de cette liqueur perfide, ou tu es mort; n'ai-je pas ici le divin baume qui va te remettre en un moment?

Et il lui montrait la burette.

Sancho le regardant en dessous et de travers, lui répondit :

— Avez-vous oublié que je ne suis point chevalier? Gardez votre chien de breuvage, et me laissez en repos.

En même temps il avala d'un seul trait le vin que lui présentait la bonne Maritorne.

L'aubergiste ouvrit alors les deux battants de la porte à Sancho, qui, donnant des talons à son âne, sortit fort satisfait de n'avoir rien payé, quoique ce fût aux dépens de ses reins et de ses épaules, ses cautions ordinaires. Il est vrai que son bissac demeura pour gages; mais la joie le transportait si fort qu'il ne s'en aperçut pas. L'hôte, le voyant dehors, voulut fermer la porte, mais il en fut empêché par les jeunes berneurs qui n'auraient pas craint don Quichotte, quand même il eût été chevalier de la table ronde.

## CHAPITRE VI.

Etrange combat contre deux troupeaux de moutons. — Une singulière aventure. — Les moulins à foulon.

Sancho rejoignit son maître, si faible et si abattu, qu'il pouvait à peine faire aller son âne. Don Quichotte le voulut consoler en lui persuadant qu'il y avait de l'enchantement dans toutes ces aventures, mais peines inutiles! l'écuyer rétif ne répondit à ses avances que par l'énumération des avanies qu'il avait déjà subies, et en répétant à chaque phrase qu'il serait beaucoup plus sage de retourner au village. Ces propos, si bien faits pour exciter l'indignation de notre héros, les avaient conduits déjà à une assez grande distance de l'hôtellerie, lorsque don Quichotte aperçut dans le lointain un épais nuage de poussière.

— Ami, s'écrie-t-il, voici le jour où mon courage va m'acquérir une gloire immortelle. Vois-tu là-bas ce tourbillon? C'est une innombrable armée composée de toutes les nations du monde.

— A ce compte, il doit y en avoir deux, car de cet autre côté, voilà le même tourbillon.

— C'est vrai, ce sont deux grandes armées qui marchent l'une contre l'autre.

La vérité est que c'étaient deux troupeaux de moutons qui venaient par deux routes opposées, et qui élevaient autour d'eux une si épaisse poussière, qu'à moins d'être tout près d'eux, il était impossible de les reconnaître.

Don Quichotte assurait néanmoins avec tant de certitude que c'étaient des gens de guerre, que Sancho finit par le croire.

— Or, ça, montons sur cette hauteur, s'écria notre héros, je veux avant que l'action s'engage te dire de quoi il s'agit.

Cette armée que tu vois venir à notre gauche est celle du grand empereur Alifanfaron; cette autre, qui est à notre droite, est l'armée de son puissant adversaire, le roi Pentapolin. Alifanfaron, qui est musulman, veut imposer son culte à Pentapolin, adorateur du vrai Dieu. Aussi vais-je combattre dans les rangs de ce dernier.

— Hé! qu'est-ce que vous me chantez là avec votre Alifanfaron et votre Pentapolin? Je ne vois pas l'ombre d'un homme, mais.....

— Comment est-ce que tu n'entends pas les hennissemens des coursiers, le bruit des tambours et des cymbales, et le son des trompettes?

— Je veux que le loup me croque si j'entends autre chose que les bêlements de quelques moutons.

— La peur te trouble les sens. Retire-toi, si le cœur te manque; seul je suffis pour entraîner la victoire où je porterai mon bras.

A ces mots, il donne de l'éperon à Rossinante, et, la lance en arrêt, fond comme un éclair du haut de la colline dans la campagne. Sancho, qui dans ce moment aperçut distinctement les troupeaux, avait beau lui crier :

— Revenez, seigneur don Quichotte; eh! revenez donc! il n'y a là ni chevaliers, ni géants à pourfendre ; voulez-vous assommer plus de moutons que vous n'en sauriez payer? Quelle folie! malheureux que je suis!

Don Quichotte n'entendait rien, et toujours galopant criait :

— Courage, chevaliers, qui combattez sous les étendards du valeureux Pentapolin! Suivez-moi, tous, et je l'aurai bientôt vengé de l'infâme Alifanfaron!

En même temps il se précipite au milieu du troupeau de moutons qu'il perce de part en part avec une fureur extrême. Les bergers accourent, chargent leurs frondes de pierres et commencent à les faire siffler autour de sa tête. Notre héros n'y prenait pas garde, et continuait à joncher le sol de brebis, en criant toujours :

— Où es-tu, superbe Alifanfaron ? A moi, à moi ! un seul chevalier te défie !

A l'instant même, de tant de pierres qui volaient autour de lui, une enfin l'atteignit au milieu des côtes, et lui en enfonça deux. Il se crut mort ou du moins dangereusement blessé; aussitôt il prit la burette du baume de Fier-à-bras; mais comme il la portait à sa bouche, une seconde pierre vient fracasser la fiole, et, chemin faisant, lui brise deux ou trois dents et lui écrase presque tous les doigts. La douleur le fit tomber de cheval. Les bergers, craignant de l'avoir tué, se pressent de ramasser leurs morts, qui montaient à sept ou huit moutons, et s'éloignent en diligence.

Sancho, toujours sur la colline, contemplait les exploits de son maître, et s'arrachait la barbe à pleines mains, maudissant l'heure où il avait connu un fou pareil.

Mais le voyant renversé et les bergers partis, il courut à lui :

— Ah! seigneur don Quichotte, lui dit-il, ne vous avais-je pas bien averti que ces deux armées étaient des moutons?

— Hélas! répondit notre héros! voilà comment le larron d'enchanteur qui me persécute tourne et change toutes choses à sa fantaisie. Envieux de la gloire que j'allais acquérir, il n'a pas manqué de métamorphoser ces escadrons d'ennemis en moutons! Mais, approche Sancho, et viens panser mes blessures.

Sancho courut promptement à son âne pour chercher le bissac qui contenait du linge et de la charpie; mais lorsqu'il s'aperçut qu'il l'avait oublié dans la fatale hôtellerie, peu s'en fallut qu'il ne perdît l'esprit. Il maudit de nouveau son maître, sa sottise de l'avoir suivi, et résolut décidément de retourner à son village, de renoncer à cette île qu'on lui faisait acheter si cher.

Don Quichotte vint le consoler.

— Ami, lui dit-il, de la constance. Le mal a son terme comme le bien; ce qui est extrême ne peut durer. On n'est jamais si près du bonheur que quand la fortune vous accable.

— Sur ma foi! répondit Sancho, je crois, Dieu me pardonne, que vous seriez meilleur prédicateur que chevalier errant. En attendant, comme mon bissac est perdu, avec les provisions qu'il contenait, nous déjeûnerons par cœur.

— Dieu, qui prend soin des plus petits vermisseaux et des moindres insectes de la terre, nous enverra la pâture.

— Pourvu que ce ne soit pas de ces herbes que vous connaissez. Je vous avoue que j'aimerais mieux le moindre morceau de pain bis, avec une simple tranche de fromage.

— Nous trouverons mieux que cela au bout de notre voyage; mais, mon ami, enfourche ton âne, et guide-moi; je te laisse pour cette fois le maître absolu de choisir notre gîte.

Ils se mirent en route. Triste était don Quichotte, qui ne se pouvait consoler de la perte de ses dents.

— Une bouche sans dents, disait-il, est, à proprement parler, un moulin sans meule.

Le bon écuyer s'efforça de le distraire, en établissant avec lui le dialogue suivant :

— Monsieur, seriez-vous assez bon pour me dire ce que c'était que Mambrin, dont vous m'avez tant de fois parlé.

— Mon ami, c'était un Maure qui possédait un armet ou casque enchanté : cet armet fut conquis par Sacripant, mais au prix de mille dangers.

— Diable! c'est donc une chose bien précieuse que cet armet !

Si précieuse, que je fais le vœu de combattre à outrance tout chevalier que je trouverai en possession de ce trésor, jusqu'à ce qu'il me l'ait abandonné.

Tout en devisant ainsi, la nuit les surprit

au milieu du chemin. La faim les pressait, et point de bissac, hélas! non plus que de gîte. Le temps était noir comme de l'encre. Tout à coup ils virent à quelque distance une grande quantité de lumières, qui paraissaient autant d'étoiles mouvantes. Sancho pensa s'évanouir de peur; don Quichotte lui-même fut troublé. L'un tira le licou de son âne et l'autre retint la bride de son cheval. Cependant les lumières venaient droit à eux, et plus elles approchaient, plus elles semblaient grandes, vives et nombreuses. Sancho se mit à trembler de tous ses membres, et les cheveux de don Quichotte se dressèrent sur sa tête. Toutefois rappelant son courage, il s'écrie:

— Ami, voici sans doute une épouvantable aventure, pour laquelle j'aurai besoin de toute ma valeur.

Il dit, et se détourne un peu du chemin. Sancho le suit. Ils distinguèrent bientôt de grandes figures blanches, dont la seule vue fit claquer les dents de l'écuyer, comme s'il avait eu le frisson de la fièvre. Ces sortes de fantômes blancs, au nombre de vingt environ, étaient à cheval, portant des torches à la main et marmottaient certaines paroles d'une voix basse et sépulcrale; derrière eux venait une litière noire suivie de six cavaliers couverts de crêpes, depuis leurs chapeaux jusqu'aux pieds de leurs mules.

Ce spectacle étrange, au milieu de la nuit, dans un lieu désert, était bien capable d'effrayer un homme plus hardi que Sancho, dont toute la valeur aussi fit naufrage en cette occasion. Son maître lui-même n'était pas très rassuré, mais ses livres vinrent à son secours. Il s'imagina que dans cette litière était quelque chevalier mort ou traîtreusement blessé, dont la vengeance lui était réservée. Il met donc la lance en arrêt, va se planter au milieu du chemin, et crie à cette troupe, d'une voix terrible :

— Arrêtez, qui que vous soyez, et dites-moi qui vous êtes? d'où vous venez? où vous allez? ce que vous conduisez dans cette litière? Je soupçonne fort que vous êtes des traîtres.

— Nous sommes pressés, répondit un des cavaliers, nous n'avons pas le temps de satisfaire votre curiosité.

— Ayez le temps d'être plus poli, reprit Don Quichotte, ou préparez-vous tous au combat. A ces mots, il saisit fortement par la bride la mule de l'homme blanc; la bête était ombrageuse; elle se cabre et se renverse sur son maître. Notre héros se précipite ensuite sur un des cavaliers en deuil, le jette à terre d'un coup de lance. De là il court à un autre, et il y va avec tant de vigueur et de prestesse, que frappés d'étonnement et d'effroi, tous ces pauvres gens, dont le métier n'était pas d'être braves, prennent la fuite en tout sens.

— Victoire! s'écrie Don Quichotte.

— Victoire! répète Sancho, tout émerveillé de la hardiesse et des exploits de son maître.

Le premier homme tombé était encore sous la mule et sa torche par terre brûlait auprès de lui. Le chevalier vint lui mettre la pointe de sa lance à la gorge en lui criant de se rendre.

— Hélas! je ne suis que trop rendu, répondit le malheureux, puisque je ne saurais remuer, et que je crains d'avoir une jambe cassée. Ne me tuez pas, si vous êtes chrétien; vous commettriez un sacrilége, car je suis tonsuré.

— Hé! qui vous amène donc ici, si vous êtes homme d'église?

— Ma mauvaise fortune, comme vous voyez, et de plus un devoir. J'accompagnais avec onze autres ecclésiastiques, mes confrères, que vous venez de mettre en fuite, le corps d'un vieux gentilhomme, mort à Baëça, et qui a voulu être enterré à Ségovie, sa patrie.

— Et qui a tué ce gentilhomme?

— C'est Dieu, avec une fièvre maligne.

— En ce cas, je ne suis pas obligé de

venger sa mort. Sachez maintenant, que je m'appelle Don Quichotte de la Manche, que je suis chevalier errant, et que mon devoir est d'aller par le monde, redressant les torts.

— Je voudrais bien, monsieur le chevalier, que vous puissiez redresser ma jambe.

— Ce qui est fait est fait. Pourquoi aussi, vous en allez-vous la nuit, avec ces longs manteaux de deuil, ces surplis et des torches allumées, dans un équipage de l'autre monde qui vous donnait tout l'air de suppôts de Satan?

— J'avoue mon tort; mais aidez-moi, je vous prie, à me retirer de dessous cette mule, qui tient ma jambe froissée entre l'étrier et la selle.

Aussitôt don Quichotte appela Sancho, qui ne se pressa pas pourtant d'arriver, occupé qu'il était à dévaliser un mulet chargé de vivres, que ces messieurs emportaient avec eux. Il fallut attendre qu'il eût fait de sa casaque une espèce de sac, et qu'il l'eût chargée sur son âne après l'avoir farcie des meilleures provisions. Il accourut ensuite, en criant :

— Pardi ! monsieur, je ne puis pas être en même temps au four et au moulin.

Une fois le bachelier dégagé et remis en selle, Sancho lui dit :

— Si par hasard ces messieurs désirent savoir qui les a si bien étrillés, vous leur apprendrez, s'il vous plaît, que c'est le fameux don Quichotte, autrement dit le *Chevalier de la triste figure*.

Le pauvre prêtre partit.

— Que veux-tu dire, ami Sancho, avec ton chevalier de la triste figure ?

— Ah ! monsieur, c'est qu'en vous considérant à la lueur de cette torche, je vous ai trouvé la plus singulière mine qui se puisse voir au monde.

— Tu n'y es pas, mon frère, et je vois bien que le sage qui doit écrire l'histoire de mes exploits a jugé à propos que j'eusse un surnom comme tous les anciens chevaliers. Je regarde comme une inspiration l'idée qui t'est venue. Désormais je veux m'appeler ainsi, et pour qu'on me reconnaisse, je veux peindre sur mon bouclier une figure étrange et fort triste.

— Ah! monsieur, c'est fort inutile; vous n'avez qu'à vous montrer pour que tout le monde dise: « Voilà le chevalier de la triste figure! »

Don Quichotte sourit de la plaisanterie de son écuyer, et tous les deux continuèrent leur route. Ils s'enfoncèrent entre deux collines et parvinrent à une vallée profonde, où Sancho étendit sur l'herbe ses provisions. Là, sans autre sauce que leur appétit, ils déjeûnèrent, dînèrent, soupèrent tout à la fois. Mais un malheur, que Sancho surtout, considérait comme le pire de tous, c'est qu'ils n'avaient point de vin, ni même d'eau pour apaiser leur soif. Toutefois ayant remarqué qu'ils étaient dans un pré où l'herbe était épaisse et touffue, il en conclut judicieusement qu'il devait y avoir quelque fontaine ou ruisseau dans les environs. Don Quichotte et lui se levèrent pour le chercher et s'y désaltérer. Ils prirent Rossinante et l'âne par la bride, et commencèrent à marcher en tâtonnant, car la nuit était fort obscure. Ils n'eurent pas fait deux cents pas qu'ils entendirent le bruit lointain d'un torrent; ils s'en réjouissaient déjà lorsqu'un bruit fort différent vint tempérer leur allégresse, et donner l'alarme à Sancho, qui naturellement n'était pas brave. C'étaient de grands coups redoublés, mêlés d'un cliquetis de fer et de chaînes, et accompagnés du fracas du torrent bondissant à travers les rocs. Il était nuit et nos aventuriers se trouvaient par hasard sous de grands arbres, dont les branches et les feuilles étaient agitées. Ces ténèbres, cette solitude, ces bruits étranges, ce murmure des arbres et du vent, tout semblait se réunir pour inspirer la terreur. Mais l'intrépide don Quichotte ne s'émeut pas, il s'élance sur Rossinante, et brandissant sa rondache :

— Ami, dit-il à son écuyer, apprends que le ciel m'a fait naître pour ramener l'âge d'or en ce maudit siècle de fer; c'est pour moi que sont réservés les grands périls, les actions sublimes. Plus l'aventure qui se prépare doit être horrible, plus je suis résolu à la tenter. Serre les sangles de mon coursier; reste ici : attends-moi trois jours. Si à cette époque je ne reviens point, tu peux retourner au village, où tu pourras dire que ton maître est mort en preux chevalier.

En écoutant ces paroles, Sancho se prit à pleurer.

— Monsieur, dit-il, pourquoi tenter une si terrible aventure? N'avez-vous pas fait déjà assez d'exploits? Songez que si vous me quittez, c'en est fait du gouvernement de mon île; que je suis fait pour rendre l'âme de frayeur; que j'ai une femme, des enfants, que je laisserai sans appui, sans soutien.

Pour Dieu ! monseigneur, n'ayez pas cette cruauté, ou tout du moins attendez qu'il soit jour.

— Jour ou nuit, il ne sera pas dit que rien au monde ait retardé l'accomplissement de mes devoirs. Le ciel saura bien me sauver du danger, ou prendra soin de toi après ma mort. Allons, serre les sangles de Rossinante, et attends-moi ; je reviendrai bientôt vainqueur.

Sancho, voyant que rien ne pouvait arrêter son maître, résolut d'user d'adresse et de l'obliger, malgré lui, à attendre que le jour parût. A cet effet, dans le même temps qu'il serrait les sangles de Rossinante, il lui lia doucement les jambes de derrière avec le licou de son âne. Quand don Quichotte voulut partir, son cheval, au lieu d'aller en avant, ne faisait que sautiller.

— Vous le voyez, s'écria l'écuyer fort satisfait de son invention, le ciel est de mon côté ; il ne veut pas que vous m'abandonniez. Il défend à Rossinante de vous obéir.

Don Quichotte enrageait; mais plus il piquait son cheval, moins il semblait disposé à partir.

— Allons, dit-il en soupirant, je vais attendre l'aurore.

— Sans dormir? demanda Sancho.

— Sans dormir, répondit notre héros; dors, toi qui naquis pour le sommeil : moi, je m'entretiendrai avec mes pensées.

— Ne vous fâchez pas, monseigneur, je ne l'ai pas dit pour vous déplaire.

En parlant ainsi, Sancho se rapprochait toujours de son maître. Il finit par saisir d'une main l'arçon de la selle, et de l'autre la croupière, tenant ainsi fortement embrassée la cuisse gauche de notre chevalier. Cependant la frayeur que lui causait ce bruit continuel de ferrailles agit sur lui avec une telle puissance, qu'il sentit bientôt s'opérer dans tout son corps un étrange mouvement. Il commença à serrer les dents et les épaules, retenant son haleine; mais, soins inutiles, peines perdues!

— Qu'entends-je? s'écria don Quichotte.

— Ah! monsieur, n'en doutez pas, c'est quelque nouvelle diablerie.

— Sancho, reprit le chevalier, en portant la main à son nez, il me semble que tu as grand'peur.

— C'est vrai, mais ce n'est pas ma faute; pourquoi me tenez-vous à une telle heure dans un tel lieu?

Don Quichotte ne voulut pas pousser l'explication plus loin; mais il fit sauter Rossinante, et ordonna à son écuyer de s'éloigner de quelques pas.

Cependant la nuit s'écoulait, et Sancho, voyant paraître le jour, alla délier doucement les jambes de Rossinante, qui, tout joyeux de se voir en liberté, fit deux ou trois courbettes. Don Quichotte en tira bon augure, et voulut en profiter sur le champ. Il renouvela ses adieux à Sancho, dans les mêmes termes que précédemment, ajoutant qu'en récompense de ses services, il l'avait nommé dans son testament, ce qui attendrit si fort le bon écuyer, qu'il jura de ne point quitter son maître.

Don Quichotte en fut ému; mais craignant de montrer de la faiblesse, il marcha d'un air calme et fier vers le lieu d'où venait le bruit. Sancho le suivit à pied, menant par le licou le fidèle compagnon de ses aventures. Après une assez longue route, ils découvrirent quelques misérables cabanes, bâties au pied de rochers élevés, d'où se précipitait le torrent : c'était de là que sortaient les épouvantables coups. Rossinante eut peur, et se cabra; Sancho devint blême, et frissonna. Mais au bout de cent pas, au détour d'une petite colline, apparut enfin la cause de leur terreur et de tout ce tintamarre. C'étaient... c'étaient six énormes marteaux de moulins à foulon qui n'avaient pas cessé de battre depuis le jour précédent.

A cet aspect, don Quichotte demeura

6

muet de surprise; ses mains laissèrent aller la bride, et sa tête tomba sur sa poitrine. Il tourna les yeux sur Sancho, qui fixait les siens sur lui, avec les deux joues enflées, les deux poings sur ses hanches, et se serrant les flancs pour s'empêcher de crever de rire. A la fin il éclata, et s'y reprit à quatre fois avec une telle force, que le chevalier ne tarda pas à en être impatienté. Ce fut bien pis quand Sancho, le regardant avec une gravité plaisante, lui adressa ces paroles :

— *Ami, apprends que le ciel m'a fait naître pour ramener l'âge d'or en ce maudit siècle de fer; c'est pour moi que sont réservés les grands périls, les actions sublimes.*

Un lourd coup de lance, appliqué sur ses épaules, interrompit l'écuyer persifleur.

— Monsieur, s'écria-t-il, ne voyez-vous pas que je ris ?

— Et c'est justement parce que vous riez, monsieur le plaisant, que moi je ne ris pas. Un chevalier tel que moi est-il tenu de reconnaître, au bruit qu'ils font, des moulins à foulon? C'est bon pour vous, monsieur le manant, élevé dans un chétif village. Mais faites, s'il vous plaît, que ces six marteaux soient autant de géants, et donnez-les-moi l'un après l'autre ou tous ensemble; et si je ne vous les livre sans têtes, raillez alors tant que vous voudrez.

— D'accord, monsieur, d'accord; mais convenez que l'aventure peut sembler gaie.

— Je veux bien l'avouer; mais ce n'était pas un motif pour me manquer de respect. Toutefois, je confesse avoir été un peu vif.

— Va pour les coups que j'ai reçus : Qui aime bien, châtie bien. Mais quand les grands seigneurs ont dit à leurs valets une parole un peu dure, ils leur font toujours un présent; j'en conclus qu'un chevalier errant ne peut, en pareille circonstance, donner moins à son écuyer qu'une île ou un royaume en terre ferme.

— Tu dis peut-être plus vrai que tu ne penses; mais les récompenses que je t'ai promises viendront dans leur temps. En attendant, souviens-toi d'être un peu moins familier.

— Cela suffit, et tenez pour certain que dorénavant je n'ouvrirai la bouche que pour vous honorer comme mon maître et mon seigneur.

— C'est le moyen de vivre longtemps en paix sur la terre; car, après son père et sa mère, c'est à son maître qu'on doit le plus de respect.

## CHAPITRE VII.

Conquête de l'armet de Mambrin. — Comment don Quichotte mit en liberté plusieurs infortunés qu'on emmenait dans un lieu où ils ne voulaient point aller. — Folies de don Quichotte.

Dans ce moment il vint à tomber un peu de pluie. Sancho voulait chercher un abri dans les moulins; mais don Quichotte les avait pris en telle aversion, qu'il ne voulut jamais y entrer. Tournant donc à droite, il se mit en route. Il n'avait pas fait beaucoup de chemin, lorsqu'il aperçut un cavalier qui portait sur la tête quelque chose d'aussi brillant que de l'or.

— Sancho, s'écria-t-il, tous les proverbes sont vrais, principalement celui qui dit que *le diable n'est pas toujours à la porte d'un pauvre homme.* Cette nuit la volage fortune a semblé se jouer de mes espérances; mais ce matin elle m'offre un beau dédommagement. Selon toutes les apparences, le guerrier que je vois là-bas porte sur sa tête l'armet de Mambrin, que j'ai juré de conquérir.

— Ah! monsieur, répondit Sancho, souvenez-vous des moulins à foulon.

— Te tairas-tu, misérable incrédule! Ne vois-tu donc pas ce chevalier qui vient droit à nous sur un cheval gris pommelé, et qui porte en tête un armet d'or?

— Ce que je vois et revois, répliqua l'écuyer, c'est un homme monté sur un âne gris brun, et qui porte sur sa tête je ne sais quoi qui reluit.

— Ce je ne sais quoi est l'armet de Mambrin. Allons, arrière ! et regarde comment je vais, en un tour de main, terminer à moi seul cette aventure.

Cependant il est bon de savoir ce que c'étaient que cet armet, ce cheval et ce chelier. Il y avait dans ces environs un hameau et un village si petits et si voisins l'un de l'autre, que le même barbier, qui se mêlait aussi de chirurgie, servait pour les deux. Or, ce jour-là, un malade du hameau avait besoin d'une saignée, et un autre habitant de se faire faire la barbe. Le barbier se rendait chez eux avec ses lancettes et son bassin de cuivre jaune. Surpris par la pluie, et craignant de gâter son chapeau, il avait mis sur sa tête ce bassin qu'on voyait reluire d'une demi-lieue. Il était monté sur un âne gris, comme l'avait fort bien fait observer Sancho.

Le Barbier se jette à bas de son âne et enfile la plaine.

Quand le pauvre barbier fut proche, notre héros, sans autre explication, courut à lui, la lance en arrêt. Le barbier qui voit fondre si brusquement sur lui cette espèce de fantôme, se jette promptement à bas de son âne et enfile la plaine avec plus de vitesse qu'un daim, en laissant par terre le bassin de cuivre.

— Le païen n'est pas sot, s'écria don Quichotte; il imite le castor, qui, poursuivi par les chasseurs, se coupe lui-même ce qu'on veut de lui. Sancho, ramasse cet armet.

— Par ma foi, dit l'écuyer, ce bassin, qui ressemble furieusement à un plat à barbe, n'est pas mauvais, il vaut un écu comme un liard.

Il le remet à son maître, qui, le posant sur sa tête, le tourne et le retourne pour l'y faire tenir, en disant:

— Le païen pour qui l'on forgea ce casque devait avoir une furieuse tête, mais ce que j'y trouve de pire, c'est qu'il en manque la moitié.

Sancho faisait tous ses efforts pour ne pas rire; il eût éclaté si ses épaules meurtries ne lui eussent pas rappelé la leçon qu'il avait reçue naguère.

— Il est vraisemblable, poursuivit le chevalier, que ce casque enchanté sera tombé par hasard dans les mains de quelque ignorant, qui sans connaître son mérite et voyant qu'il était d'or fin, en aura fondu la moitié; de l'autre il aura fait ce que tu vois, qui, selon ta remarque, ressemble assez à un plat à barbe. Mais qu'il en soit ce qu'il pourra, je me moque de cette métamorphose; je le ferai remettre en état, et j'aurai un casque qui ne le cédera en rien à celui que Vulcain forgea pour le dieu des batailles; en attendant je vais le porter tel qu'il est.

— Vous en êtes bien le maître, monsieur; mais que ferons-nous de ce cheval gris pommelé, qui ressemble si fort à un âne gris? Au train qu'a pris ce pauvre diable errant que vous avez renversé, je ne pense pas qu'il revienne, et, par ma barbe, le grison n'est pas mauvais.

— Les lois de la chevalerie ne permettent pas d'enlever leur coursier à ceux que l'on a vaincus; laisse donc ce cheval ou cet âne, comme tu voudras l'appeler.

— Au diable les lois de la chevalerie! j'aurais pourtant eu bien envie d'emmener cette bête, ou, tout du moins, de la troquer contre la mienne, qui ne la vaut pas. M'est-il permis, du moins, de troquer le bât?

— Je n'en suis pas trop sûr; cependant, jusqu'à ce que je sois mieux informé, je pense que tu peux le faire.

Ainsi autorisé, Sancho prit le bât tout neuf de l'âne du barbier, et se hâta d'en parer le sien, qui lui en parut une fois plus beau, et meilleur de la moitié. Cela fait, ils déjeûnèrent des restes de leur souper, et, après ce léger repas, ils se remirent en chemin, l'âne suivant toujours Rossinante de la meilleure amitié du monde. Insensiblement ils se trouvèrent sur la grande route, où ils marchèrent à l'aventure, causant de choses et d'autres. Au moment où leur conversation devenait la plus intéressante, don Quichotte, levant les yeux, aperçut douze individus à pied, qui paraissaient enfilés comme des grains de chapelet dans une longue chaîne qui les prenait tous par le cou. Tous aussi avaient les menottes; ils étaient escortés par deux cavaliers, munis d'escopettes, et deux fantassins armés de lances, avec l'épée au côté.

— Voici, dit Sancho, la chaîne des forçats qu'on mène servir le roi aux galères.

— Comment! s'écria don Quichotte, des forçats! Est-il possible que le roi fasse violence à quelqu'un de ses sujets?

— Je vous dis, reprit l'écuyer, que ces gens-là sont condamnés, pour leurs crimes, à servir sur les galères.

— Ils n'y vont donc pas de bon gré?

— Pour cela, je vous en réponds.

— Cela me suffit : je n'oublie point ce que ma profession m'ordonne.

Cependant la chaîne arriva, et don Quichotte pria avec beaucoup de politesse l'un des gardes de lui dire pourquoi on conduisait ainsi ces *infortunés*. Un des chevaliers, touché de sa courtoisie, lui répondit :

— Interrogez-les, monsieur; ils s'empresseront, je n'en doute pas, de satisfaire votre curiosité.

Don Quichotte, avec cette permission, qu'il aurait bien prise de lui-même si on la lui avait refusée, s'approcha des galériens, et demanda au premier quelle faute il avait commise.

— Comme j'enlevais une *corbeille de linge*, dont j'étais profondément épris, j'ai été pris sur le fait. Le rapt n'a pu avoir lieu, ce qui ne m'a pas empêché d'avoir les épaules mouchetées d'une centaine de coups de fouet. Mais, quand j'aurai aidé pendant trois ans à *faucher le grand pré*, l'intrigue sera finie.

— Qu'appelez-vous *faucher le grand pré?* interrompit don Quichotte.

— En bon français, cela veut dire ramer aux galères, répondit le forçat.

— Et vous, mon ami? dit don Quichotte au second, qui tenait la tête tristement baissée.

— Moi, je vais aux galères pour avoir *chanté* dans l'angoisse comme un serin de Canarie.

— Est-ce qu'on envoie les musiciens aux galères? s'écria notre héros.

— Entre ces bonnes gens, reprit l'un des gardes, chanter dans l'angoisse signifie confesser à la torture. On a donné la question à ce drôle, il a reconnu son crime, qui était d'avoir volé des bestiaux.

Don Quichotte passa ainsi une partie de la chaîne en revue. Le dernier de la bande était un homme d'environ trente ans, de bonne mine, quoiqu'il fût bigle, et qui était attaché avec plus de soin que les autres. Il avait au pied une chaîne qui revenait lui faire le tour du corps, deux carcans au cou, dont l'un soutenait la chaîne, et dont l'autre portait deux branches de fer qui descendaient à sa ceinture, où ses mains étaient prises par des menottes fermées avec de gros cadenas, de telle sorte qu'il ne pouvait ni porter ses mains à sa tête, ni baisser sa tête à ses mains.

Don Quichotte demanda pourquoi tant de précautions.

— C'est que ce misérable, répondit un des gardes, est à lui seul plus coupable que tous les autres ensemble; aussi est-il condamné à dix ans de galères, ce qui est comme la mort civile. Au reste, vous devez le connaître de réputation: c'est le fameux Ginès de Passamont, autrement surnommé Ginésille de Parapilla.

— Ne plaisantons pas, interrompit le forçat, monsieur le commissaire, et laissez là mes surnoms; vous avez sur moi trop d'avantage, vous pouvez me dire les miens, et moi je n'ai pas le droit de vous dire les vôtres. Mon véritable nom est Ginès de Passamont, et un jour viendra que je renfoncerai dans la gorge le nom de Ginésille de Parapilla à quiconque s'avisera de vouloir me l'appliquer. Mais, monsieur, ajouta-t-il en s'adressant à don Quichotte, hâtez-vous, si vous voulez nous donner quelque chose, et ne perdez plus votre temps à écouter ainsi notre histoire; quand vous voudrez connaître la mienne, vous pourrez la lire, je l'ai écrite.

— Est-elle achevée? demanda don Quichotte.

— Non, puisque me voici encore; mais elle va jusqu'à la dernière fois que j'ai été aux galères, où je ne suis, ma foi, point fâché de retourner, car il n'y a que là qu'on jouisse un peu de soi-même, qu'on ait le temps de cultiver les belles-lettres.

— Vous me paraissez homme d'esprit.

— Si j'étais un sot, je serais heureux.

— Cela me suffit, dit don Quichotte en élevant la voix. D'après tout ce que je viens d'entendre, il est clair, ô mes frères, que c'est entièrement contre votre volonté qu'on vous mène aux galères. Vos fautes ont été grandes, mais votre repentir les efface ; je ne considère plus qu'une chose : c'est que vous gémissez dans l'oppression; or, le premier devoir de la chevalerie errante, dont j'ai embrassé la profession sublime, est de secourir les affligés. Messieurs les gardes, je vous prie donc de rendre à ces malheureux la liberté, et de laisser à la justice du ciel le soin de les châtier s'ils persévéraient dans la voie du mal. Je ne pense pas que vous vous y refusiez; s'il en était autrement, cette épée, cette lance et la vigueur de mon bras sauraient vous y contraindre.

— Bravo! répond l'un des gardes, bravo! la plaisanterie est bonne; pas mal imaginé, mon brave homme. Mais, croyez-moi, poursuivez votre chemin, et redressez le plat à barbe que vous avez sur la tête.

— Vous êtes un maraud et un poltron, répliqua notre héros, et en même temps il l'attaque avec tant de promptitude que, sans lui donner le loisir de se mettre en garde, il le renverse à terre, dangereusement blessé d'un coup de lance.

Les autres gardes, fort étonnés, mettent l'épée à la main, et sans doute ils auraient donné du fil à retordre au belliqueux chevalier, si les galériens, profitant de la confusion, ne fussent parvenus, aidés en cela par Sancho, à se débarrasser de leurs fers. Ginès de Passamont saute sur le commissaire, déjà gisant à terre, s'empare de son épée et de son escopette, et, ajustant tantôt l'un, tantôt l'autre, sans tirer pourtant, il met bientôt tous les gardes en fuite, à travers une grêle de pierres que leur lançaient les autres forçats.

La victoire était complète; mais Sancho n'était pas des plus satisfaits. Il avait peur que la sainte-hermandad, avertie, n'accourût ; aussi dit-il à son maître qu'il n'y avait pas un instant à perdre pour se retirer et se cacher dans les montagnes voisines. Mais déjà don Quichotte avait rassemblé les galériens en cercle, et leur tenait ce discours :

— Vous voyez, messieurs, quel service je viens de vous rendre; je suis certain que je n'ai point affaire à des ingrats. Pour toute reconnaissance je ne vous demande qu'une chose, c'est que vous repreniez vos chaînes, et qu'en cet état vous parcouriez la province de la Manche, en proclamant les exploits du chevalier de la Triste Figure.

— Ce que vous demandez là est impossible, seigneur chevalier, notre libérateur, répondit Ginès de Passamont, au nom de tous; si nous allions ainsi, par les chemins, nous serions bientôt repris par la sainte-hermandad. Contentez-vous donc des bénédictions que nous vous donnons du plus profond de notre cœur.

— Parbleu! s'écria don Quichotte, enflammé de colère, don Ginésille de Parapilla, vous accomplirez seul alors la pénitence; et vous l'accomplirez, vous qui parlez, chargé de la chaîne et de tout le harnais que vous aviez sur votre noble corps.

Passamont n'était point né patient; il fit un signe à ses compagnons, qui, s'éloignant aussitôt, firent pleuvoir tant de pierres sur notre héros, que son bouclier ne pouvait suffire à l'en garantir. Rossinante ne bougeait pas plus qu'une borne. Sancho s'était mis à l'abri derrière son âne. Le malheureux chevalier fut atteint et renversé. Les galériens fondent aussitôt sur lui, lui ôtent le plat à barbe, dont ils lui donnent cinq ou six coups sur les épaules, le jettent contre terre, et dépouillent leur libérateur d'une casaque qu'il portait sur ses armes. Ils auraient pris jusqu'à ses chausses, si les cuissards ne les en eussent empêchés. Quant à Sancho, ils le mirent presque dans l'état où il se trouvait quand il vint au monde, puis ayant partagé entre eux les dépouilles du combat, chacun s'en alla de son côté. Don Quichotte et Rossinante restèrent couchés l'un auprès de l'autre; tandis que Sancho, ramassé en boule, tremblait de tous ses membres entre les jambes de son âne, qui, la tête basse, secouait de temps en temps les oreilles, croyant sans doute que la pluie de cailloux durait encore.

Don Quichotte se voyant ainsi payé de ses bienfaits, s'écria :

— C'est à présent que je reconnais la vérité de ce proverbe : « C'est écrire sur le sable que de faire du bien aux méchants. » Que désormais l'expérience nous rende sages.

— Puisque enfin, vous voilà dans ces dispositions, répondit Sancho, suivez mon avis, et décampons bien vite, car toutes vos chevaleries seraient inutiles avec la sainte-hermandad.

— Moi fuir! maître poltron!

— Se retirer n'est pas fuir, mais attendre est encore moins sagesse quand le péril surpasse l'expérience et les forces. Croyez-moi, montez si vous pouvez sur Rossinante et partons.

— Allons! je veux bien, pour cette fois, me conformer à tes désirs.

Et montant à cheval, le chevalier suivit son écuyer, qui, le précédant sur son âne, entra dans la Sierra Morena, avec le projet de s'y cacher quelques jours. Ce qui relevait un peu le courage du bon Sancho, c'est que le sac aux provisions était échappé, comme par miracle, aux recherches des galériens. Nos aventuriers pénétrèrent jusqu'au milieu des montagnes, et ne s'arrêtèrent qu'à la nuit. Arrivés entre deux côteaux, ils s'endormirent sous de grands liéges. Mais la fortune qui les poursuivait amena justement dans le même lieu Ginès de Passamont, qui, profitant de leur sommeil, ne se fit aucun scrupule de voler l'âne de Sancho, préférablement au maigre Rossinante.

L'aurore brillait à peine que l'écuyer, s'éveillant, pensa mourir de douleur quand il se vit sans son fidèle compagnon. Il se mit à jeter des cris entremêlés de sanglots.

— O cher fils de mes entrailles ! disait-il, toi qui naquis dans ma maison, toi l'amusement de mes enfants, les délices de ma femme, l'envie de mes voisins, et le soulagement de mes travaux ! O mon âne ! le bien-aimé de mon cœur, je ne te verrai donc plus ! je t'ai perdu ! je vais mourir !

Don Quichotte l'entendit et le consola de son mieux ; mais il ne put arrêter ses larmes qu'en lui promettant de lui donner une lettre de change de trois ânons sur cinq qu'il avait chez lui.

L'écuyer, encore soupirant, remercia son maître de sa bonté, et se mit à le suivre tristement à pied, portant le sac de provisions, qu'il avait encore heureusement sauvé, et dont il tirait de temps en temps quelques bribes, qu'il avalait de toute sa force, comme fiche de consolation. En cheminant ainsi, il aperçut tout à coup don Quichotte soulevant avec la pointe de sa lance une valise restée au milieu de la route. Il se précipita vers la trouvaille. La valise était fermée avec une chaînette et son cadenas; mais par les trous qu'il parvint à y faire, il tira quatre chemises de toile de Hollande, d'autre linge extrêmement fin avec un mouchoir plié dans lequel il découvrit une assez grande quantité de pièces d'or.

— Béni soit le ciel! enfin, s'écria-t-il, voici une aventure profitable, comme je les aime!

Et cherchant encore, il trouva des tablettes richement garnies.

— Je retiens ces tablettes pour moi, dit don Quichotte; j'y inscrirai mes hauts faits. Quant à l'argent, ce vil métal, garde-le pour toi.

— Grand merci! monseigneur, répondit Sancho, en lui baisant les mains; ce vil métal convient parfaitement à ma vile nature. Et il serra le tout dans son bissac.

— Comment, diable! cette valise se trouve-t-elle en cet endroit! dit don Quichotte après avoir réfléchi quelque temps.

— Ce n'est pas difficile à deviner, répliqua Sancho. Soyez persuadé, monsieur, qu'elle n'y est pas venue seule. C'est quelque voyageur qui l'aura perdue; car s'il y avait là dedans une histoire de voleurs, ces messieurs l'auraient prise; j'en sais quelque chose, et vous aussi, par messieurs les galériens.

— Tu as raison, ami Sancho; parfois, j'en conviens tu raisonnes assez juste. Mais poursuivons notre route.

Don Quichotte était enchanté de se trouver au milieu de ces montagnes. L'aspect sauvage du lieu, sa solitude, le rendaient à ses yeux merveilleusement propre aux aventures; sa mémoire n'était pleine que des événements prodigieux qui étaient arrivés aux chevaliers errants dans des déserts semblables.

Tout à coup une idée lui passa par la tête.

— Ami Sancho, dit-il, j'ai fait une faute en délivrant ces galériens.

— Je le sais, parbleu, bien !

— Mais ce que tu ne sais pas, c'est qu'un chevalier errant ne peut commettre une faute sans s'imposer une pénitence. C'est ainsi qu'en agit le fameux Amadis de Gaule, l'honneur éternel, et le plus parfait modèle de la chevalerie errante. Il se retira sur un rocher sauvage, où il simula la folie, et ne se fit connaître que sous le nom significatif du chevalier Ténébreux. Je prétends l'imiter. Je veux rester ici, en contrefaisant l'insensé, le désespéré, le furieux, jusqu'à ce que ma faute soit suffisamment expiée. Ainsi donc, ami Sancho, je suis fou, bien fou, absolument fou.

— Ma foi, répondit Sancho, je commence à le croire. D'ailleurs je ne fourre pas mon nez où je n'ai que faire. Si cela vous convient, ça m'arrange. Chacun fait son lit comme il se couche : Qui peut mettre des portes aux champs? qui se sent galeux se gratte. Celui qui achète cher et dit que c'est bon marché ne le sent pas moins à sa bourse. A chacun selon ses œuvres.....

— Dieu du ciel! s'écria don Quichotte, que signifie cette enfilade de proverbes?

— Cela veut dire, répondit Sancho, que tandis que vous allez vous livrer à votre folie dans ces montagnes, je m'en vais, moi, retourner au village, auprès de ma femme et de mes enfants.

— Tu le peux; mais rappelle-toi de venir me rejoindre au bout de la quinzaine; car c'est à ce temps que je fixe la durée de ma pénitence.

En achevant ces mots, don Quichotte se trouvait au pied d'une haute montagne, qui, séparée des autres, s'élevait seule dans une prairie émaillée de fleurs sauvages et arrosée par un ruisseau. Cet endroit plut extrêmement au chevalier de la Triste Figure, qui résolut de s'y fixer. Il met aussitôt pied à terre, il retire la bride et la selle à Rossinante, et le frappant de la main sur la croupe :

— Reçois la liberté, dit-il, ô mon noble coursier! compagnon magnanime de mes sublimes travaux!

Un moment, interrompit Sancho : vous savez, monsieur le chevalier, qui maintenant êtes fou, que l'on m'a volé mon âne; Rossinante pourrait fort bien suppléer à mon grison pour le voyage que je vais faire, car je suis fort mauvais piéton.

— Je ne m'y oppose point; seulement je t'engage à rester un jour ou deux encore pour être témoin de toutes les folies que je sais faire quand je m'y mets.

— J'en ai bien assez vu.

— Tu es encore loin de compte.

— Ça m'est égal, j'aime mieux partir tout de suite. Mais, monsieur, écrivez-moi, je vous prie, sur l'un des feuillets de vos tablettes la lettre de change des trois ânons que vous m'avez promis; veuillez signer bien lisiblement, afin que l'on ne mette point en doute votre écriture.

— C'est juste.

Et don Quichotte écrivit aussitôt :

« Ma nièce, vous paierez comptant, par
« cette première de change, à Sancho Pan-
« ça, mon écuyer, valeur reçue de lui, trois
« ânons, de cinq que j'ai laissés sous votre
« garde; lesquels vous seront alloués dans
« vos comptes, en me représentant la quit-
« tance dudit Sancho.

« Fait au milieu des montagnes de la
« Sierra Morena, ce 26 août de la présente
« année. »

— C'est à merveille, dit Sancho; mettez là votre *patarafe*, et je vais seller Rossinante. A propos, savez-vous bien, monsieur, que je crains fort de ne pouvoir vous retrouver quand je reviendrai, tant cet endroit est caché et de difficile accès.

— Ami, ta réflexion est sensée; je te conseille donc, pour ne pas t'égarer, de couper une grande quantité de branches de genêts; tu les semeras sur la route, jusqu'à ce que tu entres dans la plaine; elles te guideront à ton retour.

Sancho approuva cet expédient. Il se munit d'un paquet de genêts, vint recevoir la bénédiction de son maître, qui lui recommanda Rossinante, et se mit en route. Mais il n'avait pas fait cent pas, qu'il revint précipitamment.

— Vous avez raison, dit-il, je pense qu'il est nécessaire que je voie quelques-unes de vos folies, pour qu'à l'occasion je les puisse, en toute sûreté de conscience, affirmer par serment.

Il n'avait pas achevé ces mots, que déjà don Quichotte avait quitté tout son attirail de guerre, puis il se déshabilla presque complétement, et, dans cet état, il fit deux sauts en l'air, avec deux culbutes la tête en bas. Sancho n'en voulut pas voir davantage; il tourna bride, en pouffant de rire, et reprit vite son chemin.

## CHAPITRE VIII.

Fin de la pénitence du chevalier de la Triste Figure. — Histoire du prince Micomiconin. — Retour à l'hôtellerie. — Épouvantable combat où don Quichotte est vainqueur.

Laissons le chevalier de la Triste Figure se livrer à ses extravagances, et suivons notre ami Sancho. Le brave écuyer sortit sans encombre des défilés de la Sierra Morena, et, vingt-quatre heures après avoir quitté son maître, il arriva, où ? A la fatale hôtellerie, où il avait été si bien berné. Dès qu'il l'aperçut, il lui prit un certain frisson; cependant, comme il avait faim, il s'arrêta, regardant du côté de la porte, et ne sachant s'il devait entrer. A l'instant même, il en sortit deux individus, dont l'un dit à l'autre :

— Monsieur le curé, n'est-ce pas là Sancho Pança, celui que la gouvernante nous a dit avoir suivi notre aventurier ?

— C'est lui-même, répondit l'ecclésiastique, et voilà le cheval de don Quichotte.

Aussitôt le curé et le barbier, car c'étaient eux, s'approchèrent de notre voyageur.

— Ami Sancho, dit le curé, qu'avez-vous fait de votre maître?

Le discret écuyer voulut d'abord ne point trahir le secret de son seigneur et maître; mais bientôt, effrayé par la menace de la prison, il avoua tout, et fit un récit circonstancié des exploits et des folies de notre héros, ajoutant, en forme de péroraison, qu'aussitôt sa pénitence achevée, le chevalier de la Triste Figure était décidé à s'aller faire Empereur quelque part, et que, quant à lui, Sancho, son parti était pris, dès qu'il serait veuf, ce qui ne pouvait manquer d'être prochain, d'épouser une demoiselle de l'Impératrice, qui lui apporterait en dot un bon duché en terre ferme, parce qu'il était revenu des îles, et qu'il ne s'en souciait plus.

Sancho débitait tout cela avec un si grand

sang-froid, et d'un air si profondément convaincu, que le curé et le barbier jugèrent fort inutile de lui parler raison, et le regardèrent au moins comme aussi fou que son maître.

— Je vous félicite sur vos brillantes destinées, dit le bon curé en souriant; mais le plus pressé, à mon avis, c'est de retirer présentement votre maître de son désert, et de lui faire renoncer à sa farouche pénitence, qui ne lui produira pas grand fruit. Nous réfléchirons là-dessus à table; venez avec nous dans l'hôtellerie.

— Non pas, répondit Sancho, et, si cela vous est égal, je n'entrerai point dans cette hôtellerie; je vous en dirai quelque jour les raisons (le véridique Sancho, il faut bien l'avouer, n'avait point jugé à propos de parler de son aventure). Mais envoyez-moi ici mon dîner, je vous prie, et un peu d'orge pour Rossinante.

On ne le pressa pas davantage, et le barbier lui fit porter à manger.

Cependant le curé avait imaginé un moyen infaillible pour amener don Quichotte où l'on voudrait : maître Nicolas devait se couper la barbe, donner à son visage une teinte cuivrée, et s'habiller en jeune prince errant ; quant à lui, il se déguiserait en écuyer, et irait se jeter ainsi aux pieds de notre héros, en lui demandant vengeance contre un chevalier félon, qui aurait dépouillé de son royaume son jeune maître orphelin. De cette manière, don Quichotte se laisserait certainement conduire jusqu'à son village, où l'on essaierait de guérir son inconcevable folie.

Maître Nicolas trouva l'invention du curé admirable, et voulut l'exécuter sur l'heure. Il se teignit donc le visage, et revêtit son costume de prince, lequel costume était noir de la tête aux pieds, en signe de deuil. Quant au bon licencié Pero Perèz, il se fit une grande barbe postiche avec une queue de vache extrêmement rousse et touffue, qui servait à l'aubergiste pour nettoyer son

peigne. L'hôtesse voulut savoir le motif de
ces déguisements, et, d'après ce qu'on lui dit
de la folie de don Quichotte, elle reconnut
le chevalier du baume et le maître de
l'écuyer berné. Alors elle ne manqua pas
de raconter tout ce qui s'était passé, sans
oublier la circonstance que Sancho prenait
tant de soin de cacher. La toilette du barbier et du licencié une fois terminée, tous
les deux montèrent sur leurs mules, et prirent congé de l'aubergiste, de sa femme et
de Maritorne, qui promit de dire un rosaire
pour l'heureux succès de leur entreprise.

Sancho, qui les attendait, ne put s'empêcher de rire en les voyant. Sans lui dire
le fin mot de l'affaire, ils lui persuadèrent
que cette mascarade devait servir à hâter
la réalisation des promesses que lui avait
faites le chevalier, pourvu qu'il gardât le
secret le plus absolu vis-à-vis de don Quichotte. Sancho jura qu'il aurait bouche
close, et prit avec eux le chemin de la
Sierra Morena. Le jour suivant, ils arrivè-

rent à l'endroit où l'écuyer errant avait semé des genêts pour retrouver sa route, et non loin de celui où nos deux aventuriers avaient découvert la valise. On fit halte pour tenir conseil : il fut décidé que Sancho irait en avant à la recherche de son maître. Il partit, laissant ses deux compagnons dans une prairie ombragée de grands arbres, et arrosée d'un ruisseau. C'était au mois d'août, vers les trois heures de l'après-midi, au moment où la chaleur est la plus forte. Le curé et le barbier, assis à l'ombre sur le bord de l'eau, s'entretenaient de la difficulté que maître Nicolas éprouverait à se faire passer pour un tout jeune homme, quand ils entendirent, à une faible distance, ces exclamations :

— Diable de valise ! il me semble pourtant que ce n'est pas loin d'ici que j'ai dû la perdre.

Le curé et le barbier se levant aussitôt s'avancèrent vers le lieu d'où paraissait venir la voix. Ils aperçurent un voyageur qui pouvait être âgé de dix-huit à vingt ans. Ils lui firent signe de s'approcher. Il accourut, et le curé le rassura sur le sort de sa valise; car Sancho lui avait fait part de sa découverte. En même temps il l'instruisit du motif qui les amenait dans la Sierra Morena, et de la comédie qui se préparait. Le voyageur offrit aussitôt de jouer le rôle du jeune prince. Sa proposition fut acceptée avec joie par le bon curé, qui, par son déguisement, quoique bien innocent, craignait de profaner la dignité de son caractère. Maître Nicolas prit donc la longue barbe, et le voyageur, qui s'appelait Cardénio, revêtit le costume de prince et se teignit à son tour le visage. Sur ces entrefaites arriva Sancho, en criant :

— Où êtes-vous donc? Je viens de retrouver monseigneur don Quichotte dans un état digne de pitié : il est en simple caleçon, maigre, jaune, blême, mourant de faim. Hâtez-vous de le tirer de là promptement, car il court grand risque de n'être jamais

Empereur. Mais quel est ce monsieur? ajouta-t-il en désignant Cardénio.

Maître Nicolas répondit gravement:

— Mon ami, ce n'est que l'héritier en ligne directe du grand royaume de Micomicon, en Guinée, qui vient supplier l'illustre chevalier de la Triste Figure de le venger d'un certain géant qui l'a détrôné.

— Qu'il soit le bienvenu, s'écria l'écuyer, je lui réponds qu'il n'aura pas perdu son voyage; mon maître lui assommera son coquin de géant. Mais quel est le nom de cet infortuné?

— Il s'appelle le prince Micomiconin, parce qu'il est du royaume de Micomicon.

— Ah! je comprends: en Guinée, c'est comme chez nous, où l'on prend le nom de son village.

Cependant Cardénio était monté sur la mule du curé, le barbier sur la sienne avec sa barbe de queue de bœuf. Le curé, qui n'était plus nécessaire dit à Sancho de guider le prince et lui recommanda sur toutes choses de ne point parler de lui ni de maître Nicolas, en l'assurant que s'il n'était discret, don Quichotte ne deviendrait point Empereur. Sancho promit de nouveau le silence et l'on se mit en chemin.

Au bout de trois quarts de lieue ils aperçurent notre chevalier, debout, habillé, mais non armé. Cardénio fit doubler le pas à son palefroi. Dès qu'il fut près de don Quichotte, l'écuyer barbu se jeta à bas de sa monture et aida le prince à descendre; celui-ci se précipita aux genoux du chevalier.

— O vous! qui êtes l'honneur de la chevalerie errante, s'écria-t-il, héros magnanime que la Manche a vu naître, j'en appelle à votre grand cœur, pour venger mon injure!

— J'en prends l'engagement, répondit don Quichotte, pourvu cependant que dans cette entreprise il n'y ait rien de contraire au service de mon roi et aux intérêts de ma patrie.

8

Sancho, que ces discours impatientaient, vint doucement glisser à l'oreille de son maître :

— Le roi d'Espagne n'a rien à faire dans cette aventure : il ne s'agit que d'assommer un gredin de géant, et celui qui vous en prie, c'est le prince Micomiconin, héritier du grand empire de Micomicon, qui est dans l'Éthiopie de la Guinée.

— Silence ! répondit don Quichotte, je sais ce que me prescrivent ma conscience et ma profession. Levez-vous, prince, je ferai ce que vous me demandez.

— Je demande donc que dès ce moment votre invincible personne m'accompagne, où je la conduirai, et qu'elle n'entreprenne aucune aventure avant de m'avoir vengé d'un traître qui, contre toutes les lois divines et humaines, a usurpé mes états.

— Je le jure. Partons à l'heure même ; un moment perdu pour la gloire ne se répare jamais.

Le prince voulut alors baiser la main du

chevalier, qui l'embrassa de bonne grâce, et en même temps ordonna à Sancho de lui apporter ses armes et de seller Rossinante. Le barbier, toujours à genoux, n'osait ni parler, ni bouger, de peur que sa barbe ne se détachât. Dès qu'il vit don Quichotte à cheval, il se leva et courut aider Cardénio à remonter sur sa mule, et le suivit sur la sienne. Le pauvre Sancho, seul, marchait à pied, poussant de gros soupirs en souvenir de son grison. Toutefois, il se consolait par l'espoir de voir bientôt son maître empereur de Micomicon, et lui possesseur d'un petit royaume. Une seule chose le contrariait : c'est que ses futurs sujets seraient nègres. Eh bien! tant mieux, se dit-il en lui-même, après quelques instants de réflexion; ce sera une source de profits pour moi. Je ferai charrier messieurs mes vassaux en Espagne, où je vous les vendrai à beaux deniers comptants, dont je pourrai acheter quelque bonne charge, puis je vivrai sans souci le reste de mes jours. Ah!

vous ne me connaissez pas, mes bien-aimés sujets! vous y passerez tous, grands et petits, et fussiez-vous plus noirs que le diable d'enfer, je saurai bien faire de vous du bon argent blanc.

Sancho charmait ainsi l'ennui qu'il avait d'aller à pied. Cependant le curé, qui, de derrière des halliers où il se tenait caché, voyait venir la petit caravane, résolut de la rejoindre. Pour éviter tout soupçon de connivence, il gagna, par un sentier plus court, le grand chemin. En apercevant notre héros, il feignit une grande surprise, et courant à lui les bras ouverts, il s'écria:

— C'est vous, je ne me trompe pas! c'est mon brave compatriote, l'excellent don Quichotte de la Manche, l'appui, le défenseur des opprimés, le miroir, la fleur, la gloire de la chevalerie errante!

Don Quichotte étonné, finit par le reconnaître, et voulut aussitôt lui céder son cheval; mais le curé s'y refusa pour accepter la mule du barbier, qui, sans attendre qu'on le lui dît, avait promptement mis pied à terre. Chemin faisant don Quichotte pria le prince Micomiconin de lui raconter ses malheurs.

— Je vous dois ce récit, seigneur, lui répondit Cardénio, et je suis prêt à vous satisfaire.

En ce disant, il s'arrangea du mieux qu'il put sur sa mule, et après avoir toussé, craché, éternué, il commença :

— Vous saurez d'abord, messieurs, que je m'appelle Micomiconin. Mon père, souverain du grand empire de Micomicon, s'appelait Tinacrio-le-Sage. On l'avait ainsi surnommé à cause de son habileté dans la magie. Il découvrit, par la science, que la reine Xamarilla, ma mère, devait mourir avant lui, et que lui-même bientôt me laisserait orphelin. Ce qui lui causa le plus de chagrin, c'est qu'il connut en même temps, par ses lumières surnaturelles, que mes états seraient envahis par un effroyable géant, roi d'une grande île voisine, et

8.

nommé Pandafilando du Regard sombre, parce qu'il regarde toujours de travers pour inspirer plus de frayeur. Mon père prévit encore que je ne pouvais éviter le malheur d'être chassé de mon empire, qu'à la condition d'épouser la fille de Pandafilando ; mais sachant que je ne consentirais jamais à devenir le gendre d'un brigand semblable, il me conseilla de fuir aussitôt après sa mort, et de passer en Espagne, où je trouverais un puissant protecteur dans la personne d'un fameux chevalier errant, nommé don Chicot, don Gigot... ou don Quichotte. Il ajouta que ce valeureux guerrier devait être grand de taille, sec de visage, et qu'il aurait vers l'épaule un seing noir marqué sur la peau.

En cet endroit don Quichotte appela son écuyer :

— Mon fils, dit-il, déshabille-moi tout à l'heure.

— Pourquoi faire? s'écria Cardénio.

— Pour voir, ô prince! si je suis celui que votre père a désigné.

— C'est inutile, répondit Sancho, je sais que vous avez un seing comme cela au milieu de l'épine du dos; c'est signe de force.

— Cela suffit reprit le prince, et justifie pleinement la prophétie. Les traits, la figure, la taille, tout se rapporte, seigneur don Quichotte; c'est vous que le destin a choisi pour chasser l'usurpateur de mon trône. J'oubliais de vous dire que le roi Tinacrio a laissé un écrit en lettres grecques ou arabes, que je n'ai pu lire, par lequel il m'ordonne, aussitôt que le chevalier prédit aura tué Pandafilando, de le mettre immédiatement en possession de mes états, en le priant de me considérer seulement comme devant être son successeur, car ce chevalier doit en tout remplacer mon père.

— Eh bien! que t'en semble, ami Sancho? dit don Quichotte, as-tu toujours peur que nous manquions de royaumes?

— Ma foi! monsieur, répondit Sancho, ivre de joie, je conviens de tout; mais bien gueusard le scélérat qui n'irait pas tout de suite tordre le cou à ce grand escogriffe de Pendardo.

En achevant ces mots, le crédule écuyer fit un ou deux entrechats dans l'air, et s'en alla baiser la main du prince Micomiconin, qui termina ainsi son récit :

— Voilà, messieurs, l'histoire de mes malheurs; du nombreux cortége que j'avais en m'éloignant de mon royaume, il ne me reste que ce seul écuyer à longue barbe; tous les autres ont péri dans une horrible tempête; moi-même et mon écuyer, nous n'avons échappé à ce désastre qu'en nous sauvant chacun sur une planche.

— Ayez bon courage, prince! s'écria don Quichotte; vos infortunes auront un terme, et un terme qui n'est pas éloigné; je vous jure de nouveau de ne vous point quitter avant d'avoir fait voler de dessus ses épaules la tête du perfide Pandafilando.

Il en était là de ses protestations, lorsqu'on vit sur la route un individu qui paraissait être un bohémien monté sur un âne. Sancho, dont le cœur palpitait dès qu'il apercevait un grison, n'eut pas plus tôt considéré celui-ci qu'il crut reconnaître le sien, et dans celui qui le montait Ginès de Passamont.

— Ah! triple larron de Ginésille! s'écria l'écuyer, rends-moi mon bien, rends-moi ma vie, mon bonheur, mon amour, ma seule joie! rends-moi mon âne, voleur!

Ginès qui vit Sancho si bien accompagné ne se le fit pas dire deux fois, et sautant aussitôt par terre, il s'enfuit à travers les champs.

Sancho était déjà près de son âne, et l'embrassait avec tendresse:

— Te voilà donc, lui disait-il, mon enfant, mon compagnon, mon ami!

L'âne se laissait baiser et caresser sans répondre une seule parole. Tout le monde partagea la joie de l'écuyer, et don Quichotte l'assura qu'il n'en aurait pas moins les trois ânons donnés par la lettre de change.

On était arrivé au bord d'une fontaine limpide; il fut résolu qu'on y ferait une halte de quelques instants. Nos voyageurs mirent donc pied à terre, s'assirent sur l'herbe et firent un léger repas avec les provisions que le curé avait apportées de l'hôtellerie.

Tandis qu'ils se livraient à cet exercice, vint à passer un jeune garçon, qui, apercevant don Quichotte, s'avança tout à coup vers lui :

— Je vous salue, monsieur, dit-il d'une voix dolente, ne me reconnaissez-vous pas? Ne vous souvient-il plus d'André que votre seigneurie détacha du chêne où il était si bien attaché?

Don Quichotte le prenant aussitôt par la main, le présenta à la compagnie :

— Je suis charmé, s'écria-t-il, de pouvoir vous fournir un exemple vivant de l'extrême utilité de la chevalerie errante. Il y a quelque temps, je traversais un bois, j'entendis des cris plaintifs, et j'aperçus ce pauvre jeune homme qu'un paysan barbare fustigeait avec des courroies pour ne point lui payer ses gages. J'ordonnai de le délier, et reçus le serment de son maître qu'il lui paierait ce qui lui était dû jusqu'à la dernière obole.

Tout cela n'est-il pas exact, André, mon ami ?

— Très exact, reprit le jeune garçon, mais quand vous fûtes parti....

— Ton maître te paya sur le champ ?

— Oui, certes, il me paya mais avec une singulière monnaie. Il me rattacha au chêne, et me donna tant de coups que je ressemblais à un chat écorché; et depuis ce jour je n'ai point quitté l'hôpital. Sans l'intervention de votre chevalerie errante, j'en aurais été quitte pour la première correction, puis j'aurais reçu ensuite mon salaire; mais vous avez irrité mon maître; il s'en est vengé sur ma peau, et en bonnes plaisanteries sur vous.

— Bride-moi Rossinante, Sancho, s'écria notre héros enflammé de colère; je veux aller sur le champ tirer de ce scélérat une vengeance épouvantable.

— Je vous en dispense, monsieur, répondit André; j'aimerais beaucoup mieux que vous me donnassiez quelque chose pour continuer mon chemin.

Sancho lui mit dans la main un quartier de pain avec un morceau de fromage.

— Tenez, mon ami, dit-il, Dieu sait si ce que je vous donne ne me fera pas bientôt faute, car nous autres écuyers de chevaliers errants, nous sommes toujours à la veille de mourir de faim et de soif.

André, voyant qu'on ne lui donnait pas autre chose, s'éloigna la tête basse, et se mit à crier en fuyant :

— Que le ciel les confonde tous, les malheureux chevaliers errants, qui vous font rouer de coups quand ils veulent vous secourir !

Don Quichotte voulait se lever pour châtier cet insolent; mais, voyant qu'il ne pouvait le rattraper, il ne bougea pas, tellement furieux de la mauvaise plaisanterie d'André, que personne n'osa rire dans la crainte de l'irriter davantage.

Le repas achevé, l'on se remit en route, et, le lendemain, ils arrivèrent à cette hôtellerie tant redoutée de Sancho. L'aubergiste, sa femme et Maritorne, reconnaissant don Quichotte, s'avancèrent au devant de lui. Le chevalier les reçut avec sa gravité ordinaire, et leur recommanda de lui préparer un lit meilleur que la dernière fois, ce qui ne les empêcha pas de lui en dresser un tout semblable dans la même chambre qu'il avait occupée. Notre héros, qui était fatigué et tout moulu des folies qu'il avait faites dans la montagne, ne tarda pas à se coucher et à dormir. Pendant ce temps, maître Nicolas quitta sa barbe postiche, sur l'avis du prudent curé, qui considérait son déguisement comme désormais inutile, attendu qu'on dirait à don Quichotte que le prince Micomiconin avait envoyé son écuyer annoncer dans son royaume l'arrivée du libérateur.

On s'occupa ensuite du souper : tandis qu'on le préparait, Sancho sortit tout effrayé du grenier où couchait don Quichotte, en criant à tue-tête :

— Au secours! au secours! je viens de laisser mon maître engagé dans la plus enragée bataille que j'aie jamais vue! Que je sois pendu s'il ne vient pas d'appliquer un si furieux coup d'épée au géant du prince de Micomicon, qu'il lui a coupé la tête comme à un navet !

— Que dites-vous donc là, Sancho? répondit le curé; le géant est à plus de deux mille lieues d'ici, et votre maître ne tue pas les gens de si loin.

Dans le même temps, on entendit don Quichotte qui criait :

— Arrête! voleur! arrête! brigand! je te tiens enfin! ton cimeterre et toute ta vigueur ne te sauveront pas!

En disant ces mots, il s'escrimait contre les murailles, qui retentissaient de ses coups d'épée.

— Oh! oh! c'est une affaire bâclée, reprit Sancho; le coquin est, à l'heure qu'il est, allé rendre compte à Dieu de sa mauvaise vie, car j'ai vu le sang couler comme une rivière rouge, et rouler d'un autre côté sa tête, qui est grosse au moins comme une outre.

— Aïe! aïe! s'écria l'aubergiste, je suis un homme mort; je gage que don Quichotte, ou don Diable, aura donné quelques coups d'estoc à ces outres de vin qui sont dans sa chambre, et que c'est mon vin que cet imbécille a pris pour du sang.

Tout le monde courut avec de la lumière vers le prétendu champ de bataille. Notre héros était en chemise. Juché sur ses longues et maigres jambes, il avait sur la tête

9.

un bonnet jadis rouge, que l'aubergiste lui avait prêté, et, autour du bras gauche, la couverture de son lit. Dans cet équipage, l'épée à la main, les yeux grands ouverts, comme s'il veillait, il se démenait dans sa chambre, rêvant qu'il combattait le géant Pandafilando, et frappant de toutes ses forces sur les outres, qui n'en pouvaient mais, et dont le vin rouge ruisselait à flots autour de lui. A ce spectacle, l'hôte entra dans une telle fureur, qu'il se précipita sur lui, en l'accablant de gourmades; il eût bientôt mis fin à la guerre du géant, si on ne lui avait retiré notre héros des mains. On fit d'inutiles efforts pour réveiller le belliqueux don Quichotte, et il aurait dormi jusqu'au lendemain, sans le barbier, qui lui jeta sur le corps un seau d'eau froide. Pendant tout ce tracas, Sancho n'avait cessé de chercher la tête du géant, qu'il avait vue rouler, et, ne la pouvant trouver:

— Dans cette chienne de maison, criait-il avec colère, on ne peut compter sur

Il frappait de toutes ses forces sur les outres dont le vin rouge ruisselait à flots.

rien; tout se fait par enchantement. J'ai vu tomber cette tête, je l'ai vu couper de mes deux yeux, j'ai vu le sang qui coulait comme une fontaine, et, maintenant, plus rien.

— Ne vois-tu pas, larron, traître, répondait l'aubergiste en fureur, que ton sang et ta fontaine ne sont autre chose que mon vin dont cette chambre est noyée? Puisse ton maudit maître être ainsi noyé dans l'enfer!

— Tout cela est bel et bon, disait Sancho; mais j'ai vu rouler cette tête, et, faute de la retrouver, j'en serai pour mon duché.

Don Quichotte, enfin réveillé, jetait autour de lui des regards de surprise. Tout à coup, il se tourne vers Cardénio :

— Prince, dit-il, vous n'avez plus rien à redouter; le tyran qui vous persécutait n'est plus : ce bras, avec l'aide de Dieu, vient de lui faire mordre la poussière.

— Vous l'entendez, s'écriait Sancho! il

est dans le sac, le géant! A moi, mon duché!

Tout le monde riait des folies du maître et du valet, à l'exception de l'aubergiste, qui les envoyait à tous les diables, aidé merveilleusement en cela par sa femme et Maritorne, dont les criailleries eussent été capables de réveiller Pandafilando, s'il eût été véritablement tué par le chevalier.

Le curé parvint toutefois à ramener la paix en obtenant de don Quichotte qu'il se remît au lit, et en promettant à l'aubergiste de lui payer tout le dégât. Cardénio consola Sancho; il l'assura que, quoiqu'il eût perdu la tête du géant, il n'en aurait pas moins le meilleur duché de son royaume, aussitôt qu'il serait rétabli dans ses états. Don Quichotte s'était rendormi.

## CHAPITRE IX.

Aventures dans l'hôtellerie.

Tout le monde était redescendu; l'aubergiste se tenait sur la porte, regardant sur la grande route; il s'écria :

— Voilà plusieurs cavaliers! s'ils s'arrêtent ici, la journée sera bonne.

Cardénio courut pour voir, il revint bientôt en disant :

— Je m'en doutais, ce sont mes amis qui viennent me rejoindre.

Puis s'adressant au curé, il ajouta :

— Monsieur, voilà des auxiliaires qui nous arrivent; ce sont des jeunes gens avec lesquels je voyage de compagnie. Nous nous sommes séparés lorsque je suis retourné dans la montagne pour voir si je ne retrouverais pas ma valise; nous nous étions donné rendez-vous dans cette hôtellerie.

Sancho qui écoutait devint pâle, et il le devint bien plus encore lorsque le curé lui signifia qu'il eût à rendre la valise. Il s'éloigna en soupirant pour l'aller chercher.

Cependant les étrangers entrèrent dans l'hôtellerie et vinrent s'informer auprès de Cardénio du résultat de ses démarches. Ils le félicitèrent du résultat, et lui annoncèrent que deux ou trois amis communs devaient venir les retrouver dans cette hôtellerie.

Pendant ce temps que faisait Sancho? Il se lamentait, il soupirait, et disait à don Quichotte qui venait de se réveiller :

— Votre seigneurie peut se rendormir; elle n'a plus de géant à combattre, ni de royaume à faire restituer au prince Micomiconin : tout cela est fait et conclu.

— Je le crois parbleu bien, répondit le chevalier de la Triste Figure. Je viens, après le plus épouvantable combat, de faire voler la tête de cet énorme géant, et le sang qui s'échappait du tronc coulait à mes pieds par torrents.

— Erreur, monsieur ! erreur ! Le géant que vous avez pourfendu, c'était une outre; et le sang qui ruisselait, c'était du vin; et pour la tête coupée autant en emporte le vent.

— Que dis-tu, Sancho? as-tu perdu le sens.

— J'ai perdu bien mieux que cela. Levez-vous, monsieur, levez-vous; vous allez voir de belles choses; à commencer par le prince de Micomiconin, converti à l'heure qu'il est tout simplement en un monsieur Cardénio.

— Rien ne peut m'étonner, ami, dans cette fatale maison, où tout ce qui arrive est enchantement.

— Ah! seigneur don Quichotte, je tomberais volontiers d'accord avec vous, si je n'avais pas remarqué déjà que mon bernement n'était pas simplement un jeu de mon imagination, et si je n'étais pas forcé de rendre la valise et les écus qu'elle contenait. Dites tout ce qu'il vous plaira, monsieur, pour moi cette dernière circonstance me désenchante tout à fait.

Pendant que Sancho aidait don Quichotte à s'habiller, le curé instruisit les amis de Cardénio de la folie du chevalier, des aventures qui lui étaient arrivées, et du stratagème qu'il avait fallu employer pour le tirer de la roche déserte. Celui qui paraissait le plus enjoué de la troupe, et qui s'appelait don Fernand, après avoir bien ri de ce récit engagea Cardénio à continuer son rôle, jusqu'à ce que notre héros fût ramené dans son village.

Tandis que don Fernand parlait encore, don Quichotte parut armé de pied en cap. Les nouveaux débarqués furent étrangement surpris de cette extraordinaire figure. Ils admirèrent ce visage long d'une aune, sec et basané, ces armes bizarres, ce plat à barbe en guise de casque, cette contenance fière et la gravité avec laquelle don Quichotte adressa ces paroles à Cardénio :

— Prince, je viens d'apprendre par mon écuyer que votre Altesse s'est un peu ravalée; que de haut et puissant Empereur que vous étiez, vous êtes en un moment devenu un simple particulier : si toutes ces métamorphoses ont lieu par l'ordre du grand enchanteur, le roi votre père, dans la crainte que mon bras ne pût vous rendre votre empire, je n'ai rien à dire, si ce n'est qu'il n'était pas un magicien bien versé dans les histoires de chevalerie. Mes exploits tout récents prouvent que je suis capable de conduire à bonne fin des entreprises plus difficiles que celle de vous rétablir sur votre trône. Je n'en dis pas davantage. Je me borne à vous répéter qu'il est temps encore, prince déshérité; dites un mot, et dans peu de jours tous vos ennemis seront abattus.

Cardénio répondit avec beaucoup de sang-froid :

— Vaillant chevalier de la Triste Figure, n'ajoutez point foi à ceux qui vous ont dit que j'étais transformé ; je suis aujourd'hui celui que j'étais hier. Il est seulement vrai, que je viens de trouver des consolations que je n'osais espérer. Je vous avais dit que seul et mon écuyer nous avions échappé à cette horrible tempête qui a englouti mon escorte en vue du port. Eh bien ! il paraît que le ciel n'a pas été aussi impitoyable que je le pensais, car il a permis que quelques-uns de mes fidèles compagnons se sauvassent aussi du naufrage. Je vous les présente, seigneur chevalier; les voilà qui sont venus me rejoindre. Mais je n'en attends pas moins mon salut de votre invincible bras, et je compte dès demain me remettre en route avec vous.

Cardénio se tut. Alors don Quichotte se retournant vers son écuyer lui dit d'un ton courroucé :

— Petit Sancho, vous le voyez, j'acquiers chaque jour de nouvelles preuves que vous êtes le plus grand maraud de l'Espagne. Dites-moi un peu, faquin, où vous avez pris que ce prince était devenu un monsieur appelé Cardénio, que j'avais pourfendu des outres de vin, et que le diable avait emporté la tête du géant que j'avais coupée; et mille autres impertinences? Par le Dieu vivant! je ne sais qui me retient de faire sur vous un si épouvantable exemple qu'il fasse trembler à jamais tous les écuyers menteurs.

— Apaisez-vous, monseigneur, répondit humblement Sancho; je peux fort bien m'être trompé pour ce qui est du changement du prince Micomiconin; mais pour les outres de vin et la tête du géant, votre seigneurie verra bien quand il faudra payer le mémoire; il en sera de même pour la valise qu'il faut rendre.

— Quant à la valise, répliqua don Fernand, une simple explication suffit. Lorsque le prince, à la suite de son naufrage, vint pour trouver l'illustre chevalier de la Manche, il lui fallut traverser la montagne, et son Altesse y perdit sa valise : la seule

chose qui lui restât de sa splendeur passée;
il paraît que vous l'avez trouvée, il est juste
de la lui rendre.

— Eh ! bien, cela ne te suffit-il pas, bélitre? s'écria don Quichotte.

— Puisque vous êtes satisfait, je dois
l'être, fit le malheureux écuyer en poussant un gros soupir.

— Allons ! je te pardonne, et maintenant
je me contente de dire que tu es un
étourdi.

Cependant le jour avait complétement
disparu, et par les soins de l'aubergiste un
excellent souper était prêt. Tout le monde
se mit à table. Malgré les refus de don
Quichotte, on lui donna la place d'honneur ;
il voulut que le prince Micomiconin s'assît
à ses côtés, puisqu'il était sous sa protection. On soupa gaiement, au dessert le
chevalier prit la parole en ces termes :

— N'êtes-vous pas frappés, comme moi,
messieurs, du hasard admirable qui réunit
dans ce château tant d'illustres person-

nages? Sans détailler en particulier le mérite de chacun de vous, qui pourrait deviner en nous voyant que ce jeune homme assis auprès de moi est ce grand Empereur déshérité que nous savons, et que moi je suis ce chevalier de la Triste Figure, dont la renommée publie tant de choses. A qui devons-nous, messieurs, ces merveilles? A la chevalerie errante, à cette noble profession, que ses travaux, que ses périls élèvent tellement au-dessus de toutes les autres!

Tous les convives applaudirent à ce discours, et le souper s'acheva comme il avait commencé, c'est-à-dire au milieu de la bonne humeur et de la gaieté générales. La conversation continua quelque temps encore sur ce ton, chacun à part soi, admirant la singulière éloquence du chevalier, jusqu'à ce que le curé fît remarquer qu'il était l'heure de se livrer au repos, surtout après les fatigues d'une telle journée. Don Quichotte s'offrit pour garder pendant le reste de la nuit le château contre les malins enchanteurs, ou les scélérats de géants, qui seraient tentés de venir troubler la paix de ses habitants. On accepta son offre avec reconnaissance, et notre chevalier, armé de toutes pièces et monté sur Rossinante, sortit de l'hôtellerie pour faire sa ronde. Tout dormait, à l'exception de la servante Maritorne, qui, connaissant l'humeur de notre héros, résolut de s'en divertir. Il n'y avait dans toute la maison d'autre fenêtre du côté des champs, qu'une ouverture dans la muraille, par où l'on jetait la paille pour l'écurie. De cet endroit elle aperçut don Quichotte à cheval, appuyé sur sa lance, et levant de temps en temps les yeux au ciel, comme pour lui demander aide et protection en cas de malencontre.

Maritorne l'appela doucement, en lui faisant signe de la main. Notre chevalier tourna la tête, et à la clarté de la lune aperçut la bonne pièce au trou du grenier, qu'il ne manqua pas de prendre pour une fenêtre garnie de barreaux en fer, et tout aussitôt il s'imagina que c'était quelque dame captive qui le suppliait de la délivrer. Dans cette pensée, il conduit Rossinante immédiatement au-dessous de la fenêtre; se dresse tout debout sur la selle, et de là étendant son bras, l'enfonce au milieu du trou à paille, cherchant à saisir un point d'appui pour grimper et pénétrer dans le prétendu cachot. Maritorne saisit aussitôt sa main, passe autour du poignet un nœud coulant, qu'elle avait préparé avec le licou de l'âne de Sancho, et sans perdre de temps, tirant la corde, l'attache fortement au verrou de la porte; cela fait elle s'échappe du grenier en pouffant de rire.

Don Quichotte se sentant pris et ne voyant plus personne, commença à craindre qu'il n'y eût encore de l'enchantement dans cette aventure. Debout sur la selle de Rossinante, le poignet bien et dûment ligaturé, il tremblait que son cheval ne fît quelque mouvement, et ne le suspendît au mur. En vain il appela pour le secourir tous les enchanteurs de ses amis, et son fidèle écuyer Sancho; aucun enchanteur ne vint, et son fidèle écuyer, enseveli dans le sommeil, ronflait sans se souvenir qu'il eût un maître au monde. Désespéré, le chevalier de la Triste Figure mugissait comme un taureau. Quant à Rossinante, la pacifique bête demeurait dans une tranquillité si parfaite, que son maître ne douta plus qu'ils ne fussent enchantés ensemble jusqu'à la fin des siècles.

L'aurore parut enfin; quatre cavaliers arrivèrent à l'hôtellerie. Ils frappèrent à coups redoublés.

— Chevaliers ou écuyers, cria don Quichotte de dessus son coursier, ignorez-vous donc qu'on n'ouvre les forteresses qu'après le lever du soleil? Retirez-vous et attendez qu'il soit grand jour; on verra si l'on peut vous introduire.

— Que diable voulez-vous dire avec votre forteresse, faut-il donc tant de cérémonies pour entrer dans une auberge? Si vous en êtes l'hôte, hâtez-vous de nous faire ouvrir.

— Tâchez d'y voir et de parler mieux. Ai-je la mine d'un cabaretier ?

— Eh! que nous importe votre mine!

Et sans écouter davantage notre héros, les cavaliers commencèrent à frapper de si violents coups qu'ils éveillèrent tout le monde, et l'aubergiste vint ouvrir.

Cependant à tout ce tintamarre Rossinante releva son long cou, dressa les oreilles et se ranima. Au premier mouvement qu'il fit, les deux pieds glissèrent à Don Quichotte, qui, tombant le long du mur, serait descendu jusqu'en bas sans le licou qui le retenait fortement par le poignet. La douleur qu'il éprouva fut d'autant plus vive que son maigre corps s'allongeant par son poids, arrivait presque jusqu'à la terre, qu'il rasait de l'extrémité des pieds. Le désir de s'y appuyer lui faisait faire des efforts qui augmentaient son supplice. Aux cris épouvantables qu'il poussait, l'aubergiste effrayé accourut. Maritorne, reveillée et reconnaissant la voix du héros, se hâta d'aller au grenier et de défaire le nœud coulant. Libre alors, notre chevalier tombe en présence de l'aubergiste et des chevaliers, se relève promptement, saute sur Rossinante, prend du champ, revient au petit galop, et s'écrie d'une voix terrible :

— Quiconque dit que j'ai mérité l'enchantement que je viens de subir, en a menti par la gorge : je le défie à l'instant, si le prince de Micomicon veut bien me le permettre.

Les voyageurs étonnés le regardaient sans rien dire, lorsque survint Cardénio, qui se hâta d'expliquer à ses amis (car c'étaient ceux qu'il attendait) ce que c'était que don Quichotte. Ils trouvèrent l'aventure plaisante, et se prêtèrent de bonne grâce à la comédie du prince de Micomicon. Cardénio les présenta donc au chevalier comme de nouveaux échappés du naufrage. Celui-ci les accueillit avec une gravité fière, mêlée toutefois de bienveillance, et tout le monde parut à peu près satisfait.

La plus profonde paix régnait dans l'hôtellerie. Don Quichotte ne tarda pas à se reprocher cette oisiveté coupable; il alla trouver Cardénio.

— Très-haut et très-illustre prince, dit-il, vous n'ignorez pas que, surtout à la guerre, la diligence est la mère du succès. Pourquoi nous arrêter si longtemps dans ce château? Pandafilando profite peut-être des heures qui volent pour s'établir dans quelque forteresse inexpugnable.

— Seigneur chevalier, répondit le prince Micomiconin, votre impatience est digne de votre grand cœur; disposez de moi, j'ai remis mon sort à votre vaillance.

— Cela étant, cours vite, Sancho, seller Rossinante et le palefroi du prince; nous allons nous mettre en route.

Sancho ne se hâtait pas; mais, branlant la tête, il répondit :

— Dans le village, on ne sait pas tout ce qui se passe.

— Et qu'est-ce qui s'y passe?

— Il s'y passe que ce monsieur, qui se dit empereur du grand empire de Micomicon, ne l'est pas plus que défunt mon père. Quand on se nomme Micomiconin, on ne se fait pas appeler en votre absence Cardénio. Je pense donc qu'il n'est pas pressé d'aller seller Rossinante et le palefroi de monsieur, et que nous ferons tout aussi bien de rester ici à nous divertir.

Où sont les crayons, où sont les paroles qui pourraient peindre ou exprimer l'épouvantable colère dont fut transporté don Quichotte? Pâle de fureur, les sourcils froncés, lançant des flammes par les yeux, il toise Sancho d'un effrayant regard, et s'écrie :

— Sors de ma présence, infâme blasphémateur, cloaque impur de mensonge et de malice, misérable extravagant, lâche, impudent, perfide ennemi de l'honneur et du respect qu'on doit aux personnes royales. Va-t'en, ou je...

Le pauvre Sancho éperdu courut se cacher. Cardénio entreprit d'apaiser don Quichotte :

— Pardonnez à votre bon écuyer, dit-il, seigneur chevalier de la Triste Figure; sans doute il croit le premier aux sottises qu'il vient de dire. Daignez réfléchir que, dans ce château, rien n'arrive que par enchantement. Sancho aura, par un prestige, cru entendre ce qu'il vous a rapporté.

— Par le Tout-Puissant! votre grandeur a raison, et mon malheureux écuyer aura été la dupe des insinuations de quelque lutin, car la calomnie lui est inconnue.

— Pardonnez-lui donc, ajouta don Fernand, et rendez-lui vos bonnes grâces.

— Soit! répondit don Quichotte.

Le curé ramena Sancho, qui demanda pardon à genoux, baisa la main de son maître, et convint que dans cette maison rien n'était vrai, rien n'était certain, à l'exception de son bernement.

## CHAPITRE X.

*Enchantement de don Quichotte. — Grande et fâcheuse aventure. — Retour au village.*

Deux jours s'étaient écoulés; toute la compagnie s'occupait de quitter l'auberge et d'éviter à Cardénio et à ses amis la peine de reconduire don Quichotte à son village. On imagina pour cela de faire une grande cage, où, dans des barreaux de bois entrelacés, notre héros pût tenir à l'aise. Cette cage devait être placée sur une longue charrette, traînée par des bœufs. Quand tout fut prêt, Cardénio, ses compagnons et l'hôte se couvrirent le visage de masques, se déguisèrent en lutins, allèrent saisir don Quichotte durant son sommeil, lui attachèrent les pieds et les mains, et l'enfermèrent dans la cage. Notre héros, éveillé, voyant ces figures étranges, et l'état où il était réduit, se crut pour cette fois véritablement enchanté. Les lutins, après avoir cloué la porte de la cage, enlevèrent le captif et marchèrent vers la charrette.

Comme ils sortaient de la chambre, maître Nicolas le barbier, renforçant et déguisant sa voix, cria :

— O vaillant chevalier de la Triste Figure! que ton grand cœur ne s'afflige point de ta captivité; tu ne pouvais terminer autrement l'entreprise où t'a engagé ton courage. Et toi, ô le plus noble et le plus fidèle des écuyers qui aient jamais ceint l'épée, console-toi de voir ainsi enlever la fleur de la chevalerie errante; tu ne tarderas pas à monter au faîte de la grandeur. Crois-en la parole de Mentironiane; suis ce héros enchanté; marche en paix. Adieu.

A ces derniers mots, la voix s'affaiblit

par degrés, et cessa de se faire entendre. Don Quichotte, rassuré par cet oracle, répondit en soupirant :

— Qui que tu sois, savant enchanteur, qui daignes t'intéresser à mon sort, je te conjure de ne me point trop laisser languir dans cette honteuse prison. Je souffrirai tout sans me plaindre, pourvu que tant de douleurs m'ouvrent le chemin de la gloire. Quant à mon bon écuyer, si le destin m'ôte le pouvoir de lui donner l'île ou le royaume que je lui ai promis, ma reconnaissance et mon testament tâcheront de reconnaître ses mérites.

Sancho remercia tendrement son maître, tout en se méfiant du tour qu'on lui jouait. Aussitôt les lutins emportent la cage, et vont la déposer sur la charrette. Sur ces entrefaites passèrent deux archers de la sainte-hermandad ; on leur fit part de l'aventure, et le curé leur ayant offert d'accompagner la voiture, moyennant récompense, ils y consentirent. Dès que

Rossinante et l'âne de Sancho furent prêts, Cardénio suspendit à l'arçon de la selle le bouclier du héros, de l'autre côté le bassin à barbe. Sancho, monté sur son âne, mena le coursier par la bride. L'hôtesse et Maritorne vinrent prendre congé du chevalier, en feignant d'être fort affligées de sa disgrâce. Don Quichotte les consola et les assura que jamais il n'oublierait leur bonne réception. Pendant ce temps, maître Nicolas et le curé disaient adieu à Cardénio et à ses amis, les remerciant et leur promettant de les instruire de ce que deviendrait don Quichotte. Cela fait, ils montèrent enfin sur leurs mules, après avoir eu soin de se couvrir le visage pour n'être pas reconnus du prisonnier.

L'ordre de la marche fut ainsi réglée :

Le conducteur des bœufs allait en avant ; venait ensuite la charrette, aux deux côtés de laquelle se tenaient les archers, l'escopette à la main. Derrière elle, Sancho Pança, monté sur son âne, tirait après lui Rossinante, et, derrière Sancho, maître Nicolas et le curé réglaient le pas de leurs mules sur les pas tardifs des bœufs. Pour don Quichotte, il était assis dans sa cage, appuyé contre les barreaux, les mains attachées et les pieds étendus avec autant d'immobilité, de calme et de silence que s'il eût été de pierre. On fit deux lieues sans s'arrêter, dans le dessein de gagner un petit vallon, où le barbier assurait que l'on trouverait du frais et de l'herbe. Tandis que maître Nicolas donnait au curé des renseignemens sur l'endroit en question, et qu'ils se tenaient tous deux à une certaine distance de la charrette, Sancho s'approcha de la cage pour s'entretenir avec son maître.

— Monsieur, lui dit-il à mi-voix, pour l'acquit de ma conscience, je dois vous instruire de ce qui se passe à l'égard de votre enchantement : ces deux hommes que vous voyez, la figure couverte, sont le curé de notre paroisse, et maître Nicolas, le barbier de notre village. Cela doit vous faire comprendre qu'il y a du mic-mac dans votre enchantement, et que nous pourrions bien tous les deux être dupes de la malice des envieux.

— Méfie-toi de tes yeux, ami Sancho, reprit le chevalier; il est très-possible et très-vraisemblable que les enchanteurs aient pris la figure de maître Nicolas et de notre curé pour mieux nous tromper; ces métamorphoses ne leur coûtent guère.

— Si j'osais, monsieur, vous adresser une toute petite question, je vous démontrerais clair comme le jour qu'il y a quelque anguille sous roche.

— Parle en toute liberté, mon fils, je te répondrai avec franchise.

— Depuis votre prétendu enchantement, je voudrais savoir si vous n'avez pas ressenti un certain besoin.

— Sans doute, j'ai ressenti le besoin de sortir de ma prison.

— Vous ne m'entendez pas. Écoutez-moi. Les chevaliers les plus errants possibles, lorsqu'ils ont bu de l'eau limpide des ruisseaux, ne sont-ils pas quelquefois obligés d'aller passer un petit moment tout seuls : par exemple, derrière un arbre? Je vous demande....

— Oh! je te comprends, et je t'avoue qu'à l'instant même je désirerais vivement avoir cette liberté.

— Je vous y tiens. Ne m'avez-vous pas dit cent fois que les enchantés ne mangeaient, ne buvaient, ni ne dormaient, ni ne faisaient rien de ce que font les autres hommes? Or, ce que vous venez de m'avouer prouve, comme un et un font deux, que vous êtes enchanté comme ma mère.

Tandis que ce dialogue avait lieu, la charrette arriva dans le vallon, où le barbier, le curé et les archers s'étaient déjà mis à table. Les bœufs furent dételés. Sancho vint prier le curé de vouloir bien permettre que son maître sortît de la cage, parce qu'il avait absolument besoin de prendre un instant le grand air. Le digne Pero Pérez y consentit ; mais il exigea que notre héros donnât sa parole de chevalier qu'il ne chercherait point à s'échapper.

— Je la donne, cria don Quichotte, et je suis surpris que vous me la demandiez, messieurs les magiciens, puisque vous pouvez d'un seul mot fixer mes pieds à la terre.

Il fut aussitôt délivré. La première chose qu'il fit fut d'élever ses grands bras, en allongeant son maigre corps. De là, courant à Rossinante :

— Miroir des coursiers, lui dit-il en le frappant doucement sur la croupe, nous nous reverrons bientôt, j'espère, continuant ensemble notre noble exercice.

Après ces mots, prononcés d'une voix altière, il s'éloigna de quelques pas, et revint bientôt se mettre à dîner avec le reste de la compagnie. Il ne manqua pas, selon sa louable habitude, d'amener la conversation sur le chapitre de la chevalerie, d'en vanter les bienfaits, et de bâtir les plus magnifiques féeries sur les hautes destinées auxquelles il était appelé, en dépit de son présent enchantement.

— Oui, dans peu de jours, s'écria-t-il en terminant, je deviendrai, par la force de mon bras et la faveur du ciel, maître d'un grand empire, et je pourrai alors exercer ma libéralité naturelle en donnant un petit état à mon fidèle écuyer.

— Vous l'entendez! messieurs, répliqua Sancho, vous l'entendez! Mon maître va être bientôt empereur, et cela en dépit de tous les envieux. Quant à moi, une fois roi ou duc, je vis de mes rentes; j'afferme mes terres, et je ne fais plus que ce qui me plaît; et, ne faisant plus que ce qui me plaît, je vis à ma fantaisie; et, vivant à ma fantaisie, je suis content; et, étant content, je n'ai plus rien à souhaiter; et, n'ayant plus rien à souhaiter, que me faut-il davantage? Tout est dit. Voilà ma façon de penser.

En achevant ces paroles, Sancho boit un

grand verre de vin, et lance des regards menaçants sur maître Nicolas et sur le curé. Mais voilà que tout à coup le son lugubre d'une trompette attire l'attention de don Quichotte, qui se lève précipitamment pour voir d'où peut venir ce bruit.

Depuis longtemps la terre altérée demandait au ciel de la pluie. Les habitants de la campagne faisaient des prières et des processions pour obtenir la fin de la sécheresse. Une paroisse voisine se rendait en ce moment, conduite par son curé, à un ermitage situé sur le penchant de la montagne ; la plupart des villageois étaient vêtus en pénitents blancs, et portaient sur un brancard la figure d'une vierge couverte d'habits de deuil. Don Quichotte s'imagina sur le champ que c'étaient des malandrins qui enlevaient quelque jeune princesse, dont la délivrance lui était réservée. Aussitôt il court à Rossinante, prend son bouclier, son casque, son épée, s'élance sur son coursier, et s'écrie :

— C'est maintenant que vous serez forcés d'avouer combien les chevaliers errants sont utiles dans le monde! Que deviendrait, dites-le-moi, cette infortunée que des méchants entraînent captive, si je n'étais pas là pour lui rendre la liberté?

Il dit, et, piquant des deux, il se précipite au galop vers les pénitents blancs. En vain le curé, le barbier et Sancho lui-même s'évertuaient à crier :

— Arrêtez, seigneur chevalier, c'est une procession que vous attaquez; vous allez contre la foi catholique : prenez-y garde, c'est l'image de la sainte Vierge que portent des pénitents blancs! Ça ne badine pas, seigneur don Quichotte.

Notre héros n'écoutait rien.

Il arrive à vingt pas de la procession, et, d'une voix enrouée par la fureur :

— N'avancez pas, canailles, qui vous masquez sans doute parce que vous êtes des scélérats, et écoutez ce que je vais vous dire.

Les premiers qui s'arrêtèrent furent ceux

qui portaient l'image, et l'un des quatre prêtres qui chantaient les litanies s'interrompit pour répondre au chevalier :

— Mon frère, la fatigue et la chaleur nous accablent, si vous avez quelque chose à nous dire dépêchez-vous de parler et finissez en deux mots.

— Un seul suffira, répartit don Quichotte. Mettez tout à l'heure en liberté cette dame dont l'air triste et les habits de deuil prouvent assez que vous osez lui faire une indigne violence. Sachez que je suis au monde pour empêcher, pour punir ces crimes. Ne faites pas un seul pas avant que cette prisonnière soit libre.

Un éclat de rire général fut la seule réponse qu'on fit à don Quichotte : c'était mettre le feu aux étoupes ; furieux, il s'élance l'épée à la main vers le brancard. Un de ceux qui le portaient, laissant la charge à ses compagnons, vient, armé de sa grande fourche, se poster devant le héros. Du premier coup qu'il donne don Quichotte coupe la fourche en deux; mais du morceau qui lui reste dans les mains, le paysan frappe si rudement le chevalier sur l'épaule droite, qu'il tombe de cheval, les bras étendus et sans mouvement. Sancho arrive tout essoufflé et supplie le vainqueur d'épargner son maître, disant que c'était un pauvre chevalier enchanté, qui de sa vie, n'avait fait de mal à personne. Le paysan voyant que don Quichotte ne remuait plus, crut l'avoir tué et prit la fuite. Cependant le curé, maître Nicolas, et les archers accouraient. Les gens de la procession ne doutant point qu'on eût l'intention de les attaquer, entourent vite l'image, et les prêtres, les pénitents s'arment de leurs disciplines, de leurs bâtons, de leurs chandelliers pour repousser l'assaut qu'ils attendent. Heureusement le curé de don Quichotte connaissait le curé de la procession. Ils se parlèrent, s'expliquèrent, et les deux armées en présence firent la paix avant le combat.

Pendant ce temps Sancho s'était jeté sur le corps de son maître, et débitait tout en larmes cette espèce d'oraison funèbre :

— O fleur de la chevalerie ! qu'un seul coup de bâton assomme ! O l'honneur de ton pays ! la gloire de la Manche, et du monde entier, que ta mort laisse orphelin, exposé à la rage des méchants ! O mon bon maître ! qui, plus libéral qu'Alexandre, m'avais promis, en récompense de huit mois de service seulement, la meilleure île de toute la terre ! je te regretterai toute ma vie, toi que j'ai toujours vu l'ennemi des méchants, le protecteur des bons, fier avec les humbles, humble avec les fiers, en un mot, chevalier errant !

Les plaintes et les gémissements de Sancho rappelèrent don Quichotte à la vie; il ouvrit les yeux en poussant un gros soupir:

— Ami, dit-il, aide-moi à me remettre sur le chariot enchanté, la douleur que je ressens à l'épaule ne me permettrait pas de remonter sur le vigoureux Rossinante.

— Oui, oui, monsieur, répondit Sancho, retournons à notre village ; nous laisserons passer là cette mauvaise veine, et puis nous recommencerons plus heureusement.

Le curé et le barbier vinrent aider Sancho, et prirent congé de la procession après avoir replacé don Quichotte sur la charrette. On attela promptement les bœufs, et l'on paya les archers, qui s'en retournèrent.

Le grand, le célèbre, l'invincible chevalier de la Triste Figure, fut étendu sur une botte de foin dans la cage, et le cortége se remit en route. Le sixième jour ils arrivèrent en plein midi dans le village de don Quichotte. C'était un dimanche ; tous les paysans rassemblés sur la place environnèrent la charrette, reconnurent leur compatriote, et l'accompagnèrent jusqu'à la maison, où un petit garçon avait déjà couru annoncer son arrivée.

La gouvernante et la nièce se hâtèrent de sortir, et, voyant don Quichotte couché sur du foin, pâle et ressemblant à un squelette, poussèrent des cris perçants.

La femme de Sancho Pança, du plus loin qu'elle aperçut son mari, vint à lui toute essoufflée, en lui demandant si l'âne se portait bien.

— Oui, oui, répondit l'écuyer, il se porte mieux que son maître; mais, patience, encore un voyage comme celui que je viens de faire, et tu peux être sûre de me voir comte, duc ou gouverneur d'une île.

— Gouverneur d'une île! mon ami, qu'est-ce que cela veut dire? Une île ce doit être quelque chose de bien bon.

— Diable! si c'est bon, je le crois; mais ça coûte cher. Avant d'obtenir cela, il faut recevoir une incroyable quantité de coups de bâton; quelquefois même on est berné. A cela près, c'est une très-agréable chose que le métier d'écuyer errant; on s'en va grimpant sur des montagnes, traversant des forêts remplies de buissons et de rochers, visitant des châteaux et logeant dans les auberges sans jamais payer son écot, quelque chère qu'on y fasse.

Durant cette conversation, la gouvernante et la nièce avaient porté don Quichotte dans sa chambre, où elles l'avaient mis au lit. Le curé leur recommanda d'en avoir grand soin, et de veiller surtout à ce qu'il ne s'en allât plus, leur racontant la peine qu'on avait eue pour le ramener à la maison.

## CHAPITRE XI.

Troisième sortie de don Quichotte. — Le bachelier Carrasco. — Aventure du char de la Mort.

Le curé et le barbier furent près d'un mois sans aller voir don Quichotte, dans la crainte de lui rappeler le souvenir de ses folies passées. Ils n'en visitaient pas moins assidûment sa nièce et sa gouvernante, leur recommandant toujours de ne donner au malade que des aliments sains, nourrissants, propres à fortifier son estomac et sa tête. Elles suivaient ces avis avec une scrupuleuse attention, et commençaient même à penser que don Quichotte était revenu dans son bon sens, tant il était paisible. Cette nouvelle engagea les deux amis à lui faire une visite. Le chevalier les reçut parfaitement bien. On parla de choses et d'autres. Don Quichotte fit voir tant de sagesse et de jugement, que le curé et le barbier ne doutèrent plus qu'il n'eût recouvré entièrement la raison. Hélas! ce n'était qu'un leurre.

— On prétend, dit le curé, que le Turc met sur pied une armée prodigieuse; on ignore où doit fondre cet orage; mais toute la chrétienté en est alarmée. Toujours est-il que le roi fait pourvoir à la sûreté de Malte et des côtes de Naples et de Sicile.

— Sa majesté en use avec prudence, répondit froidement don Quichotte; mais peut-être ne songe-t-elle pas au moyen le plus sûr qu'elle ait pour repousser les infidèles. Ce moyen est pourtant bien simple. Que le roi fasse publier à son de trompe que tous les chevaliers errants d'Espagne aient à se rendre près de lui. Quand il n'en viendrait qu'une demi-douzaine, il y en aurait assez pour mettre le Turc à la raison; j'en connais même un certain dont le bras seul suffirait.

— C'est fait de nous! s'écria la nièce, mon oncle veut redevenir chevalier errant.

— Redevenir! répliqua don Quichotte : je n'ai jamais cessé de l'être; j'ai été, je suis, et je mourrai chevalier errant, s'il plaît à Dieu.

— Pauvre gentilhomme! dit à voix basse le bon curé, en haussant les épaules; ou je me trompe fort, ou tu es plus fou que jamais.

Dans ce moment on entendit quelque bruit dans la cour; la gouvernante et la nièce sortirent pour aller voir ce que c'était : bientôt leurs cris dominèrent tout autre bruit.

C'était Sancho, qui voulait pénétrer auprès de son maître.

— Que demande ce fainéant? disaient les deux femmes ensemble. Retournez chez vous, mon ami, sans venir débaucher monsieur, et le mener ensuite courir les champs.

— Gouvernante du diable! répondait Sancho, vous avez tort; c'est lui qui m'a débauché, en me promettant une belle et bonne île qui est encore à venir.

— Ah! ce sont des îles qu'il te faut; on t'en donnera, maudit imbécile!

— Imbécile! pas assez cependant pour ne pas savoir gouverner l'île en question comme il faut.

— Va-t'en gouverner ta maison, sot animal; va labourer ton champ, paresseux, et laisse en paix les îles et nous.

Le curé et le barbier riaient de bon cœur de ce plaisant dialogue; mais don Quichotte, ayant donné l'ordre qu'on fît entrer son écuyer, ils partirent aussitôt, persuadés qu'il n'y avait point d'espoir de guérison. Dès que Sancho et son maître se virent ensemble, ils s'enfermèrent.

— Sancho, dit don Quichotte, je suis affligé de t'avoir entendu dire tout à l'heure que c'était moi qui t'avais débauché; ce terme n'est pas convenable. Nous nous sommes mis en campagne ensemble; nous avons couru les mêmes dangers, supporté les mêmes désagréments, partagé les mêmes joies : nous n'avons donc rien à nous envier. Mais laissons là ce sujet, et parlons à présent d'autre chose.

— Que dit-on de moi dans le village?

—Faut-il vous parler franchement, sans dorer la pilule?

— Oui, parle librement et sans détour.

— Eh bien! tout le monde, paysans, chevaliers, roturiers, gentilshommes, vous traitent de fou, et moi d'extravagant et d'imbécile.

— Tu ne m'étonnes point, Sancho, la calomnie n'épargne point les grands hommes : l'envie attaqua César, Alexandre, jusqu'au divin Hercule. Mais n'est-il donc personne qui ait pris ma défense?

— Personne, si ce n'est un jeune étudiant de Salamanque, le fils de Barthélemy Carrasco, qui n'est arrivé que d'hier, et qui brûle, dit-il, du désir de vous entretenir.

— Qu'il vienne! s'écria don Quichotte, qu'il vienne!

Sancho partit aussitôt pour aller chercher le bachelier, avec lequel il revint au bout d'un quart d'heure. Ce Carrasco était un petit homme d'environ vingt-quatre ans, maigre et pâle, avec des yeux fins, le visage rond, le nez camard, la bouche grande, gai, malin, rempli d'esprit et naturellement railleur. Sitôt qu'il entra, il se mit à genoux devant don Quichotte :

— Permettez, seigneur, dit-il, que je baise vos vaillantes mains, car vous êtes le plus brave, le plus renommé des chevaliers errants passés et futurs. Le bruit de vos exploits remplit l'univers, et partout l'on vous proclame l'orgueil et la gloire de la Manche.

— Relevez-vous, répondit galamment don Quichotte, relevez-vous, seigneur Carrasco. Je suis enchanté d'avoir rencontré en vous un digne appréciateur de la noble profession que j'exerce.

Comme il prononçait ces derniers mots Rossinante hennit dans son écurie; le chevalier en tressaillit, et considérant ce hennissement comme d'un heureux présage, il déclara son intention de partir d'ici trois ou quatre jours. Le malin bachelier approuva fort son dessein, et lui conseilla de s'en aller à Sarragosse, où devait se célébrer un tournoi pour la fête de saint Georges.

Sur ce, Carrasco se retira après avoir promis le secret sur toutes choses.

Sancho s'en alla en même temps pour faire les préparatifs nécessaires du départ. Quand il revint le lendemain don Quichotte courut à lui les bras ouverts, et après l'avoir embrassé, ils se renfermèrent tous les deux, sans témoins, dans une chambre. La gouvernante, se doutant de ce qui retournait, prit aussitot sa mante, et se rendit tout affligée chez le bachelier Samson Carrasco, pour qu'il vînt détourner don Quichotte de sa funeste résolution. Elle le trouva qui se promenait de long en large dans la cour de sa maison.

— Tout est perdu! s'écria-t-elle, en se jetant éplorée à ses genoux; c'en est fait, mon maître s'en va!

— Comment! il s'en va? Se mourrait-il?

— Non, monsieur, ce n'est pas cela : il veut encore aller chercher les aventures; ce sera la troisième fois. La première, ils me l'ont ramené moulu de coups, couché en travers sur un âne ; à la seconde, dans une cage, jaune comme un morceau de parchemin, avec les yeux qui lui sortaient de la tête : dans quel état me le rendra-t-on cette fois-ci ?

— Allons, allons ! rassurez-vous, madame ; retournez chez vous et préparez-moi à déjeuner ; je vous suis dans un instant, et vous verrez ce que je sais faire.

La gouvernante s'en retourna, et Carrasco alla de ce pas communiquer l'affaire au curé. Nous verrons plus tard ce qui résulta de leur conférence.

Revenons maintenant à don Quichotte et à Sancho, qui, comme nous l'avons dit, s'étaient enfermés, et causaient ensemble. L'histoire rapporte ainsi leur entretien.

— Vous saurez, monsieur, dit l'écuyer, que j'ai fait part à ma femme de mon projet de suivre encore votre seigneurie.

— Eh bien ! que dit dame Thérèse ?

— Dame Thérèse dit, qu'il faut regarder où l'on met le doigt ; que le papier parle quand les hommes se taisent; que promettre et tenir sont deux; que qui prend bien ses mesures ne se trompe pas; et qu'un bon tu as vaut mieux que deux tu auras; et moi, je dis que ce n'est pas grand'chose qu'un conseil de femme, mais que qui ne l'écoute pas est un fou.

— Je suis aussi de cet avis; mais parle plus clairement, et n'entortille pas ce que tu veux dire.

— Je dis qu'on ne sait qui vit ni qui meurt; que l'agneau y passe comme le mouton; que la mort est sourde, et qu'on ne saurait se promettre une heure de vie plus que Dieu n'a résolu.

— Tout cela est vrai; mais que veux-tu inférer de là?

— C'est qu'il ne serait pas mal à propos que nous convinssions d'une certaine somme que vous me donneriez par mois tant que j'aurai l'honneur d'être à votre service. Cela n'empêchera point que si vous trouvez l'occasion de me glisser une île dans la main, je ne l'accepte ; mais je ne serai pas si ingrat, ni si pince-maille, que je n'en rabatte le revenu sur mes gages.

— Mon pauvre ami Sancho, je ne demanderais pas mieux que de remplir tes intentions, si j'avais trouvé dans une seule histoire de chevalier errant l'exemple d'un écuyer *à tant* par mois. Je n'ai vu partout que des écuyers servant leurs maîtres pour le plaisir de les servir, et attendant, sans se plaindre, que leur bonté les récompensât. Pour rien au monde je ne voudrais déroger à cette antique coutume. Si cet espoir vous suffit, partons ensemble; s'il ne vous suffit pas, Sancho, retournez à votre maison; nous n'en serons pas moins bons amis.

Sancho écoutait tout pensif, en se grattant la tête, lorsque Samson Carrasco entra suivi de la gouvernante et de la nièce. Il courut aussitôt embrasser don Quichotte, et d'une voix grave et élevée :

— O fleur de la chevalerie! dit-il, lumière resplendissante des armes, honneur et gloire de la nation espagnole, puisse le Dieu tout-puissant confondre les envieux qui tenteraient de s'opposer à ta troisième campagne! Courage donc, brave don Quichotte; rentrez dès demain, dès aujourd'hui même, dans la lice, et si quelque chose vous manque, si votre écuyer ne peut vous suivre, me voici prêt à le remplacer.

Don Quichotte, se retournant alors vers Sancho :

— Hé bien! dit-il, penses-tu que je manquerai d'écuyers? Tu l'entends; le voilà, ce fameux bachelier Carrasco, ce favori des Muses de Salamanque, le voilà qui veut s'exposer aux intempéries de l'air, à la faim, à la soif, à tous les périls, pour suivre, comme simple écuyer, les traces d'un chevalier errant! Réponds, veux-tu toujours me quitter?

— Moi! vous quitter! jamais! répondit Sancho en fondant en larmes.

Notre chevalier tendit la main à Sancho Pança, qui la baisa. La réconciliation étant faite, il fut décidé que don Quichotte partirait avant trois jours. Carrasco lui promit un casque de fine trempe qu'un de ses amis possédait.

La nièce et la gouvernante eurent beau accabler le bachelier de malédictions, s'arracher les cheveux, s'égratigner le visage, crier, tempêter, notre chevalier n'y prit garde, et fit, de concert avec Sancho, tous les préparatifs nécessaires. Le surlendemain, nos héros sortirent vers la fin du jour sans que personne le sût, à l'exception du bachelier, qui les accompagna jusqu'à ce que la nuit fût venue. Il prit alors congé du vaillant don Quichotte, et reprit le chemin de son village. A peine les avait-il quittés, que Rossinante se mit à hennir et l'âne à lui répondre. Don Quichotte regarda ce hennissement comme un bon augure, et Sancho, qui remarqua que la voix de son âne avait été beaucoup plus forte et plus sonore que celle du cheval, en conclut judicieusement que cette sortie devait lui être beaucoup plus avantageuse qu'à son maître.

Tout en marchant, ils s'entretenaient de leurs espérances, notre héros ne rêvant toujours que plaies et bosses à donner ou à recevoir en l'honneur des principes de la chevalerie; et l'écuyer, se façonnant une petite île à sa guise, qu'il décorait et meublait selon ses goûts et ceux de sa ménagère. Il était environ minuit lorsqu'ils arrivèrent au milieu d'un petit bois, où ils résolurent d'attendre le jour. Quand l'aurore parut, ils remontèrent sur leurs bêtes et prirent le chemin de Sarragosse, où devaient se célébrer, ainsi que l'avait dit Carrasco, des joutes annuelles qui attiraient beaucoup d'étrangers. Mais les grands événements que nous allons décrire empêchèrent le héros de la Manche de s'y trouver.

Comme nos aventuriers franchissaient la lisière du bois, don Quichotte vit tout à coup paraître sur le chemin un chariot découvert, rempli de personnages fort extraordinaires. Celui qui conduisait les mules était un diable hideux. Après lui, venaient la Mort sous la figure d'un squelette humain, un ange avec de grandes ailes de diverses couleurs, un Empereur avec une couronne d'or; aux pieds de la Mort, Cupidon avec son carquois, son arc et ses flèches, mais sans bandeau; un guerrier armé de pied en cap, et d'autres figures non moins singulières. Sancho trembla de tous ses membres. Notre héros, surpris, mais joyeux de ce nouveau péril, arrêta son coursier, et d'une voix fière et menaçante, il cria :

— Charretier, cocher ou diable, il faut que tu me dises tout à l'heure qui tu es, où tu vas, et quels gens tu mènes dans ce chariot, qu'on dirait être la barque de Caron?

— Seigneur, répondit le diable, nous sommes des comédiens de campagne. C'est aujourd'hui l'octave de la Fête-Dieu; ce matin dans un bourg, situé derrière cette colline, nous avons représenté la tragédie des *États de la Mort;* ce soir nous devons la jouer encore dans ce village que vous voyez devant vous; et parce qu'il n'y a pas loin nous n'avons pas voulu quitter nos habits pour n'avoir pas la peine de les reprendre.

— Foi de chevalier errant, répondit don Quichotte, j'avais cru d'abord que c'était quelque grande aventure qui m'était réservée. On a bien raison de dire qu'il ne faut jamais se fier aux apparences. Allez, mes amis, allez en paix célébrer votre fête.

Tandis qu'il parlait, arriva un des acteurs qui était resté en arrière. Il était tout couvert d'oripeaux, avec plusieurs rangs de sonnettes. Au bout d'un bâton qu'il portait à la main droite étaient attachées trois vessies, dont il frappait vivement la terre, et qu'il agitait dans l'air en sautant avec ses grelots. Ce bruit effraya Rossinante, qui pour la première fois de sa vie s'avisa de prendre le mors aux dents, et d'emporter son maître dans la campagne. Sancho voulant porter secours à don Quichotte saute à bas de son grison et s'élance après Rossinante; le diable aux grelots ne fait qu'un bond sur l'âne, le force d'aller à coups de vessies, et vole avec lui vers le village. Cependant Rossinante ne manqua pas de faire ce qu'il faisait toutes les fois qu'il lui arrivait de s'égayer : il tomba rudement avec son cavalier, et demeura couché près de lui. Sancho voyant d'un côté son maître à terre, et de l'autre son âne galopant, ne savait quel parti prendre; mais son bon naturel l'emporta : ce fut son maître qu'il préféra. Inquiet, troublé, désolé, le triste écuyer releva le héros, le remonta sur Rossinante, en lui disant :

— Ah! monsieur, le diable emporte mon âne.

— Quel diable? reprit don Quichotte.

— Pardi! le diable aux grelots!

— Console-toi, ami, je vais te le faire rendre, fussent-ils déjà tous deux arrivés dans le fond des abîmes. Suis-moi.

— Ah! monsieur, il n'en est pas besoin; le diable a abandonné le grison. Le voilà qui revient, le pauvre enfant! Je savais bien qu'il viendrait me chercher s'il était une fois en liberté. Ce n'est plus la peine de vous fâcher.

— Comment! s'écria notre chevalier, tu penses que je laisserai l'audace de ce diable impunie! Non, je veux la châtier, fût-ce sur l'Empereur lui-même.

Il dit, pique des deux, et se dirige en toute hâte vers le chariot de la Mort, en dépit des exhortations de Sancho, qui lui criait :

— Eh! monsieur, laissez donc là cette affaire : il n'y a rien à gagner avec les charlatans; ils ont toujours tout le monde pour eux; jamais on ne leur donne tort.

Mais sa voix se perdait dans l'air, et don Quichotte courait toujours, proférant des menaces terribles. Les comédiens voyant de quoi il retournait, se jettent promptement à terre, ramassent de gros cailloux, et rangés en bataille, attendent le héros de pied ferme. Don Quichotte étonné s'arrêta pour examiner le terrain. Sancho profita de cet instant de répit pour le rejoindre et redoubler ses instances.

— Je vous le demande, monsieur, n'y aurait-il pas plus de témérité que de bravoure à un homme seul d'attaquer une armée commandée par la Mort en personne, et composée d'empereurs, de diables et d'anges? D'ailleurs, dans tout ce monde-là il n'y avait point de chevalier errant.

— Tu as raison, Sancho; c'est toi seul que cette affaire regarde. Allons! mon fils, mets l'épée à la main et va toi-même venger ton âne.

— Mon âne et moi nous pardonnons à nos ennemis; nous sommes doux et pacifiques, et oublions volontiers les injures.

— Si c'est là ta résolution, laissons ces fantômes, et allons chercher des aventures plus dignes de nous.

A ces mots il poursuit froidement sa

route, tandis que la Mort et son cortége, remontés dans la charrette, continuent pareillement la leur. Ce fut ainsi que, grâce aux prudents conseils de Sancho Pança, cette épouvantable rencontre n'eut point de suite funeste.

## CHAPITRE XII.

Étrange rencontre du vaillant don Quichotte et du chevalier des Miroirs. — Ce que c'étaient que le chevalier des Miroirs et son écuyer. — Don Diègue.

Notre héros et son écuyer s'arrêtèrent sous de grands arbres, où ils soupèrent aux frais des provisions que portait le grison ; après quoi, ils fermèrent, selon l'expression de Sancho, les contrevents de leurs yeux ; ce qui revient à dire qu'ils s'endormirent, chacun au pied d'un liége. Peu de temps s'était écoulé depuis qu'ils se livraient au repos, lorsqu'un bruit soudain réveilla don Quichotte : i regarde à travers les arbres, et voit deux hommes à cheval, dont l'un, se laissant glisser à terre dit à l'autre :

— Ote la bride de nos coursiers : aussi bien il est temps que nous nous reposions un peu de nos longs travaux.

Cela dit, il s'étend sur le gazon, et les armes dont il était couvert retentissent contre la terre. Don Quichotte ne douta pas que ce ne fût un chevalier errant. Il s'approche aussitôt de Sancho, et le tirant par le bras :

— Ami, lui dit-il à voix basse, voici une aventure.

— Dieu nous la donne belle et bonne, répond Sancho encore tout endormi. Mais où est-elle donc cette aventure ?

— Tourne les yeux et regarde ce chevalier, là bas étendu ?

— Hé bien ! qu'est-ce que cela nous fait ? En quoi voyez-vous là une aventure ?

— C'est ainsi, mon cher ami, qu'elles commencent presque toujours.

A ces mots, il se dirige du côté de l'inconnu, qui s'écrie d'une voix fière:

— Qui va là?

— Ami!

— En ce cas vous pouvez approcher.

Don Quichotte s'avance alors, et son écuyer le suit.

— Asseyez-vous près de moi, dit l'inconnu, vous que je présume être chevalier errant, puisque je vous trouve à cette heure dans ce lieu solitaire, reposant sur l'herbe verte, lit ordinaire des héros qui suivent notre profession.

— Oui, seigneur, reprit don Quichotte, j'ai l'honneur d'être chevalier errant; je passe ma vie à secourir les faibles et à venger les opprimés.

— Et à chercher des royaumes à conquérir, ajouta Sancho, qui voulut se mêler à la conversation, pour faire cadeau d'un petit état, ou d'une petite île, à son fidèle écuyer en récompense de ses services.

— Est-ce là votre écuyer? demanda l'inconnu.

— Oui, répondit don Quichotte.

— En vérité, je m'étonne qu'un écuyer ose parler devant son maître : j'ai là le mien, qui, tout homme fait qu'il est, n'a jamais été assez hardi pour ouvrir la bouche en ma présence.

— Oh! par ma foi, dit Sancho, je la prends bien, moi, cette liberté! Je parle tant qu'il me plaît devant mon maître, et devant d'autres qui font souvent les rodomonts et qui... suffit, je m'entends.

L'écuyer de l'inconnu prit alors Sancho par le bras, et lui dit à l'oreille :

— Frère, venez avec moi, nous jaserons tout à notre aise.

— Volontiers, je ne serai point fâché de vous faire voir de quel bois je me chauffe lorsqu'il s'agit de discourir.

Les deux écuyers se retirèrent et laissèrent là leurs maîtres.

Suivons-les.

— Il faut convenir, monsieur, dit l'écuyer de l'inconnu, que nous autres écuyers de chevaliers errants nous menons une terrible vie : nous ne mangeons pas un morceau de pain qui ne soit acheté à la sueur de notre front.

— Et pour nous désaltérer, reprit Sancho, fort souvent, hélas! nous n'avons que l'eau claire des fontaines ou le vent qui souffle!

A ces mots, il fit claquer sa langue contre son palais, de l'air d'un homme qui avait, depuis longtemps, le gosier sec.

— Auriez-vous par hasard besoin de vous rafraîchir, demanda l'écuyer inconnu?

Sancho Pança poussa un énorme soupir.

— J'entends; je vais vous chercher un excellent remède que je porte toujours avec moi pour de tels accidents.

L'écuyer se lève alors et revient avec une grosse bouteille de cuir pleine de vin, et un pâté si grand, que Sancho crut qu'il était d'un chevreuil, quoique ce ne fût que d'un lièvre.

— Comment! s'écria Sancho émerveillé, vous portez avec vous des pâtés pareils!

— Je n'y manque jamais; et vous ne voyez que le reste de nos provisions.

— Diable! répétait Sancho, en se hâtant d'ouvrir le pâté, dont il saisit une part énorme, vous êtes, je le confesse, un écuyer admirable, magnifique, libéral; je ne puis trop vous témoigner ma reconnaissance : ce pâté a l'air d'être venu là par enchantement. Ce n'est pas comme moi, misérable que je suis, qui pour tout potage n'ai dans mon bissac qu'un morceau de fromage aussi dur qu'une pierre, avec quelques oignons et deux ou trois douzaines de noix : mon maître prétend que les chevaliers ne doivent manger que des fruits secs.

— Fi donc! répondit l'inconnu, je n'ai point l'estomac fait pour ce régime; que nos maîtres vivent tant qu'ils voudront selon les règles étroites de leur chevalerie, pour moi j'ai toujours à mon arçon une bonne cantine de viandes froides, et cette bouteille que j'aime, que je chéris, et que j'embrasse à toute heure.

— Monsieur, dit Sancho, voulez-vous bien me permettre de l'embrasser une fois.

L'inconnu lui remit alors la bouteille entre les mains. Sancho la porte aussitôt à sa bouche, et, se renversant sur le dos, il se met à contempler les étoiles, et demeure près d'un quart d'heure dans cette position, qui lui plaisait. En se relevant, il fit un grand soupir, comme pour reprendre haleine.

— Ah! monsieur, dit-il, ah! c'est lui; je le reconnais : il est de Ciudad-Réal.

— Vous avez raison. Oui-dà! il en est; et de plus, il a quelques années.

— A qui le dites-vous? mon Dieu. Il n'y

a pas de vin dont je ne devine, à la seule odeur, le terroir, l'âge et la qualité : c'est une vertu de famille. Imaginez-vous que j'ai eu deux parents du côté paternel qui furent les plus excellents gourmets de la Manche. Un jour on vint les prier de juger d'un certain vin : l'un en mit une goutte sur le bout de sa langue; l'autre ne fit que le sentir. Le premier dit : ce vin sent le fer; l'autre dit : ce vin sent le cuir. Le maître du tonneau soutint que cela n'était pas possible, que jamais ni fer ni cuir n'avaient approché de son vin. Au bout d'un certain temps, quand le tonneau fut vide, l'on retrouva dans la lie une toute petite clef attachée à un tout petit cordon de cuir. Jugez, monsieur, si le descendant d'une telle race doit sentir le prix du vin que vous avez la bonté de lui offrir.

Quand nos deux écuyers furent las de boire et de babiller, ils s'endormirent l'un auprès de l'autre. Retournons aux chevaliers.

Entre autres discours qu'eurent ensemble don Quichotte et le chevalier inconnu, celui-ci dit :

— Oui, Seigneur, je le déclare sans forfanterie et sans crainte d'être démenti, devant les travaux que j'ai accomplis pâlissent les travaux d'Hercule lui-même. J'ai déjà parcouru une grande partie de l'Espagne, et j'ai déjà vaincu une foule de chevaliers; mais la plus belle victoire que j'aie remportée, celle dont je m'honore le plus, c'est d'avoir triomphé en combat singulier du grand, du fameux chevalier don Quichotte de la Manche.

A ces paroles, notre héros eut besoin de toute sa patience pour ne pas répondre par un démenti.

— Seigneur, dit-il, je ne mets pas en doute vos exploits; toutefois, j'ai de fortes raisons de vous assurer que celui que vous avez pris pour don Quichotte n'était pas ce guerrier célèbre : vos yeux sans doute furent abusés.

— Comment! que voulez-vous dire? J'ai si bien vaincu don Quichotte, que je vais vous le dépeindre : c'est un homme grand, sec, maigre de visage, mais robuste et nerveux, le nez aquilin, les moustaches noires et pendantes. Il a pris pour surnom celui de chevalier de la Triste Figure, et monte un vigoureux coursier qu'on appelle Rossinante; son écuyer se nomme Sancho Pança.

— Le portrait que vous venez de faire est en tout point exact; aussi je ne trouve point d'autre moyen, pour nous mettre d'accord, que de penser que les enchanteurs qui persécutent don Quichotte ont donné ses traits, sa figure, à quelque guerrier vaincu par vous. Si, après cette explication, il vous reste encore quelque doute, voici don Quichotte lui-même prêt à vous détromper à pied comme à cheval.

Il dit, se lève brusquement, et porte la main sur son épée. L'inconnu lui répond froidement :

— Un bon payeur ne craint point de donner de gages ; celui qui a su vous vaincre transformé ne sera point fâché de vous vaincre en personne. Mais les exploits de nuit ne plaisent qu'aux brigands. Attendons que l'aurore puisse éclairer notre combat. J'y mets l'expresse condition que le vaincu demeurera soumis aux volontés du vainqueur, pourvu qu'il ne lui ordonne rien de contraire aux règles de la chevalerie.

— J'accepte la condition, répondit don Quichotte.

Aussitôt les deux héros vont éveiller leurs écuyers et leur commandent de tenir prêts leurs chevaux au lever du soleil pour vider cette grande querelle. Sancho, surpris et tout effrayé, demeura muet à cet ordre.

— Frère, lui dit l'écuyer inconnu, je présume que vous connaissez la coutume d'Andalousie.

— Laquelle ?

— C'est que, quand les maîtres se battent, les écuyers en font autant.

— Ah! bien, moi, je vous déclare que je renonce à la coutume. Il serait vraiment beau qu'après avoir bu ce bon vin ensemble, nous allassions nous échiner; et puis, qui diable peut se battre sans être en colère?

— Ah! s'il n'y a que cela, le remède est tout prêt : avant de commencer le combat, je m'approcherai tout doucement de vous, et avec cinq ou six coups de poing sur la figure et autant de coups de pied dans le ventre, je réveillerai votre colère, fût-elle plus assoupie qu'une marmotte.

— Non, monsieur, il vaut beaucoup mieux laisser dormir nos colères, puisqu'on dit qu'il ne faut point éveiller le chat qui dort. Dieu nous ordonne de vivre en paix, chacun de nous ne peut qu'y gagner. Tel qui cherche noise finit par se faire frotter. Un chat qu'on pousse à bout devient un lion. Vous ne savez pas ce dont je suis capable.

Cependant on entendait déjà le gazouillement des oiseaux, qui saluaient la naissance du jour ; chaque objet commençait à se colorer aux rayons de la lumière. La première chose qui s'offrit à la vue de Sancho Pança fut le nez de l'écuyer du chevalier inconnu. Ce nez était d'une grosseur et d'une longueur si prodigieuses, qu'il lui ombrageait tout le visage et descendait de près de trois doigts au-dessous de la bouche. Il était de plus surmonté d'une infinité de grosses verrues verdâtres et rougeâtres, et donnait au reste de la figure un aspect tout à fait rébarbatif. Cette hideuse vision épouvanta si fort le pauvre Sancho, qu'il lui prit un tremblement universel, et qu'il résolut de tout souffrir du possesseur d'un tel nez, plutôt que de songer à éveiller sa colère.

Pendant ce temps, don Quichotte contemplait son adversaire, dont la visière baissée ne lui permit pas de voir le visage. Il remarqua que c'était un homme fort et robuste, quoique de taille médiocre. Il portait par-dessus ses armes une casaque de brocard d'or, semée d'une multitude de lunes brillantes comme des miroirs; son casque était ombragé de plumes jaunes, vertes et blanches, et sa lance était armée d'un fer acéré long d'un pied. Notre héros jugea que son ennemi devait être redoutable. Il s'en réjouit, et lui demanda poliment de vouloir bien lever sa visière.

— Je ne montre jamais mon visage qu'après le combat, répondit fièrement le chevalier des Miroirs.

Tous deux aussitôt s'élancent sur leurs coursiers pour prendre du champ. En ce moment, les yeux de don Quichotte se portèrent par hasard sur l'horrible nez de l'écuyer; il demeura surpris à cette vue. Sancho, qui ne se sentait pas le courage de rester près de ce nez terrible, s'en vint supplier son maître de vouloir bien l'aider à monter sur un arbre, pour mieux voir, disait-il, le mémorable combat qui allait se livrer.

Don Quichotte fond sur lui comme la foudre, lui fait vider les arçons.

— Je t'entends, répondit don Quichotte, tu n'aimes à regarder les taureaux que du haut de la galerie.

Le héros se détourna alors pour aider Sancho à grimper sur un liége. Le chevalier des Miroirs arrivait dans ce moment, de toute la vitesse de son coursier, c'est-à-dire au petit trot, car ce coursier ne valait pas mieux que Rossinante. Apercevant don Quichotte occupé de son écuyer, il s'arrêta pour l'attendre. Notre héros, qui le voit près de lui, se retourne vivement, enfonce les éperons dans les flancs maigres de Rossinante, et, pour la première fois de sa vie, le fait partir au galop. L'inconnu veut en faire autant; mais il a beau talonner sa monture, il ne la peut faire remuer. Le pauvre chevalier se démenait des pieds, des mains et de la tête, quand don Quichotte fond sur lui comme la foudre, lui fait vider les arçons, et l'envoie à terre sans connaissance. Aussitôt, à pied, l'épée à la main, il court auprès du vaincu, dont il se hâte de délacer le casque pour voir s'il était mort. Sancho s'était empressé de descendre de son arbre. Il arrivait, lorsque son maître, découvrant le visage de son adversaire, reconnaît... le croira-t-on jamais? les traits, la figure, la propre figure du bachelier Samson Carrasco. Stupéfait de surprise :

— Viens voir, Sancho! s'écrie-t-il, regarde quel est le pouvoir de la magie; admire aussi la malice des enchanteurs!

Sancho s'approche, et, reconnaissant le bachelier, il se met à faire de grands signes de croix.

— Monsieur, dit-il, commencez toujours par lui passer votre épée au travers du corps; qui sait si vous ne tuerez point quelque enchanteur de vos ennemis?

Don Quichotte allait suivre son conseil, quand l'écuyer inconnu, dépouillé de son grand nez, vint se jeter aux pieds du vainqueur en criant :

— Arrêtez! ne tuez pas votre ami; c'est

le bachelier Samson Carrasco, et c'est moi qui lui servais d'écuyer!

— A d'autres! dit Sancho, où est votre nez?

— Le voilà! répond l'écuyer en tirant de sa poche un nez postiche.

— Sainte Vierge! reprend Sancho, n'est-ce pas là Thomas Cécial, mon compère?

— Sans doute, ami Sancho, et tout à l'heure je t'expliquerai pourquoi Carrasco et moi nous nous étions ainsi déguisés. Mais, au nom de Dieu, empêche ton maître de le tuer.

Le bachelier revint à lui, et don Quichotte, lui portant la pointe de son épée à la gorge :

— Vous êtes mort, chevalier, lui cria-t-il, si vous ne confessez pas, et si vous ne croyez pas que le chevalier que vous avez autrefois vaincu ne pouvait être don Quichotte de la Manche, mais bien quelqu'un qui lui ressemblait; comme, de mon côté, j'avoue et je crois que vous n'êtes pas le bachelier Samson Carrasco, mais quelqu'un qui lui ressemble.

— J'avoue, je confesse et je crois ce que vous souhaitez, reprit le pauvre chevalier des Miroirs ; mais, je vous en supplie, aidez-moi à me relever, car je souffre terriblement de ma chute.

Don Quichotte, satisfait, secourut son ennemi ; il parvint, avec les deux écuyers, à le remettre à cheval, et, le laissant entre les mains de Thomas, qui le conduisit au prochain village, il reprit, suivi de Sancho, qui comme son maître était persuadé qu'en tout ceci il y avait de la magie, la route de Sarragosse. Il s'en allait tout triomphant et tout glorieux de sa victoire. Il n'en était pas de même de son adversaire. Triste, honteux, humilié, il s'éloignait la tête basse, songeant à la désagréable issue qu'avait eue ses beaux projets. C'était d'après le conseil du curé et du barbier que le malin Carrasco s'était fait chevalier errant. Ces deux amis de notre héros, désespérant de le retenir chez lui, avaient arrêté ensemble de le laisser partir, et de le faire suivre par le bachelier ainsi déguisé.

— Vous le provoquerez, lui avaient-ils dit, vous le vaincrez facilement, et vous lui ferez jurer de demeurer deux ans chez lui, sans pouvoir reprendre les armes. Don Quichotte, scrupuleux observateur des lois de la chevalerie, ne manquera sûrement pas à sa parole, et nous aurons alors le temps de guérir son cerveau malade.

Carrasco s'était chargé de grand cœur de l'entreprise, et l'un des voisins de Sancho, bon et joyeux compagnon, Thomas Cécial, s'était offert pour lui servir d'écuyer. L'aventure n'avait pas tourné tout à fait comme ils pensaient; aussi Thomas Cécial disait-il à Carrasco en le ramenant :

— En bonne foi, monsieur, sommes-nous moins fous que don Quichotte? Lui s'en va bien portant et plein de joie, nous, fort tristes, et vous, en plus, frotté de main de maître. De quel côté pensez-vous que soit le bon sens?

— Du nôtre, répondit Carrasco, parce que notre folie ne durera qu'autant que nous voudrons bien.

— En ce cas, j'ai l'honneur de vous dire que je ne veux plus que la mienne dure, je m'en vais reprendre le chemin de ma maison.

— Libre à vous, maître Thomas; mais, puisque me voilà chevalier, moi, je ne cesserai de l'être qu'après avoir bien et dûment étrillé monseigneur don Quichotte. Je suis piqué, je l'avoue; jusqu'à présent, j'avais cherché ce fou-là pour le guérir; mais ce sera dorénavant pour me venger.

Ils s'entretinrent de cette manière jusqu'à leur arrivée dans un village, où Samson s'arrêta pour se remettre de sa lourde chute. Son écuyer l'y laissa se faisant panser, et nous l'y laisserons aussi jusqu'au moment fort éloigné où nous le verrons reparaître.

Cependant don Quichotte et Sancho cheminaient sur la route de Sarragosse, en devisant entre eux. Tout à coup Sancho s'écrie :

— En vérité, monsieur, n'est-il pas étonnant que j'aie toujours devant les yeux l'effroyable nez de mon compère Thomas Cécial?

— Est-ce que tu crois encore, mon ami, que le chevalier des Miroirs était le chevalier Carrasco, et son écuyer, Thomas Cécial. C'est par trop de simplicité; tout ceci, je te le répète, n'est qu'une ruse inventée par la malice des enchanteurs qui me persécutent.

Sancho n'était pas très-convaincu, mais il se taisait, dans la crainte d'exciter la susceptibilité de notre chevalier, lorsque nos aventuriers furent joints par un cavalier monté sur une fort belle jument, grise pommelée. Il portait un manteau de drap vert, bordé de velours brodé, avec une toque de même étoffe. Il était armé d'un coutelas à la mauresque, que soutenait un riche baudrier. A ses bottines, semblables au baudrier, étaient attachés des éperons vernis en vert. Le visage, l'air du voyageur, qui paraissait approcher de la cinquantaine, ses cheveux gris, son front ouvert, semblaient inspirer à la fois la confiance et le respect.

En passant près de don Quichotte, il le salua avec courtoisie, et continua son chemin. Notre chevalier l'appela :

— Seigneur, dit-il, si vous n'êtes point pressé, je serais charmé de voyager de compagnie avec vous.

— Je vous l'aurais proposé le premier, répondit le gentilhomme, si je n'avais craint d'être indiscret. Aussi accepté-je votre invitation avec reconnaissance.

A ces mots, il ralentit son pas, et se mit à considérer avec étonnement la mine de don Quichotte, qui marchait sans casque, l'écuyer le portant sur son âne, en guise de sac de nuit. Il admirait sa taille allongée, la maigreur et la pâleur de son visage, ses armes bizarres, et la longueur démesurée de son coursier efflanqué. Don Quichotte lut dans ses yeux la surprise de l'étranger.

— Vous paraissez étonné de me voir, lui dit-il; mais vous cesserez de l'être quand vous saurez que je suis un de ces illustres guerriers qui s'en vont cherchant les aventures. J'ai voulu ressusciter l'ancienne chevalerie errante, et je ne doute pas que la renommée n'ait fait parvenir jusqu'à vous mon nom et le bruit de mes exploits. Je suis don Quichotte de la Manche, autrement dit le chevalier de la Triste Figure.

Le gentilhomme ne put, à ces paroles, réprimer un sourire; il répondit :

— Sans doute j'ai entendu raconter des merveilles du héros dont la naissance honore l'Espagne, et je prédis à ce grand redresseur de torts l'immortalité.

— Que Dieu vous entende, répondit modestement don Quichotte, le cœur gonflé de joie. Mais, dites-moi à votre tour, je vous prie, seigneur, quel genre de vie vous avez adopté?

— Pour moi, je l'avoue, reprit le gentilhomme, je n'ai pas l'honneur d'appartenir à l'ordre glorieux de la chevalerie errante. Je m'appelle don Diègue de Miranda; j'habite un village où nous irons dîner aujourd'hui, si vous voulez bien m'en accorder la faveur. Ma fortune est plus que suffisante pour mes désirs. Je passe doucement ma vie avec ma femme et mes enfants; mes exercices ordinaires sont la chasse et la pêche, sans que j'entretienne pour cela ni meute ni équipage; le reste de mon temps est consacré à la lecture d'ouvrages utiles, tels que des livres d'histoire ou de dévotion. Attentif, autant que possible, à remplir les préceptes de notre sainte religion, je me fais une loi de partager mes biens avec les pauvres, et je ne néglige rien pour entretenir la paix parmi mes voisins et dans ma maison, prévenant, autant que je le puis, tous les désordres qui peuvent arriver.

Don Diègue cessa de parler; Sancho qui l'avait écouté avec une extrême attention, versait des larmes d'attendrissement, puis il s'écria :

— Bénissez-moi, monsieur, bénissez-moi, car à coup sûr vous êtes un saint, et je n'en avais point encore vu de vivant.

En parlant ainsi, il se jette à bas de son grison et va se prosterner devant don Diègue, qui, riant de sa simplicité, l'engagea à se relever, et lui dit:

— Je ne suis point un saint, mon ami; il s'en faut, hélas! de beaucoup; et votre humble modestie prouve que vous valez bien mieux que moi.

Sancho, fort satisfait remonta sur son âne, et, apercevant des bergers dans les champs, il se détourna de son chemin pour aller leur demander du lait. Tout à coup don Quichotte voyant paraître d'assez loin un chariot sur lequel flottaient des banderolles aux armes du roi, appelle son écuyer, et lui crie de lui apporter promptement son casque.

## CHAPITRE XIII.

Où l'on verra la plus grande preuve de courage que don Quichotte ait jamais donnée. — Séjour chez don Diègue. — La caverne de Montesinos. — Ce que notre héros y vit.

Au moment où notre chevalier appela Sancho celui-ci venait d'acheter aux bergers une demi-douzaine de fromages tout frais. Pressé par les cris de son maître, ne sachant comment emporter ses fromages, il les mit précipitamment dans le casque du héros et accourut en toute hâte.

— Ami, lui dit don Quichotte, donne-moi mon casque: ou je ne me connais pas en aventures, ou celle qui se présente exige que je sois bien armé.

A ces mots, le gentilhomme au manteau

vert regarda de tous côtés, et ne découvrant rien autre chose que le chariot avec les banderolles, il crut d'abord que c'était une voiture chargée d'argent pour le trésor royal, et il le dit à don Quichotte.

Mais celui-ci qui ne se désabusait pas facilement, lui répondit qu'il savait bien à quoi s'en tenir, qu'il avait des ennemis visibles ou invisibles toujours prêts à l'attaquer sous toutes sortes de formes; et prenant en même temps le casque des mains de Sancho, il le met incontinent sur sa tête sans prendre garde à ce qu'il contenait. Le petit lait commença à dégoutter de tous côtés sur ses yeux et sur sa barbe.

— Qu'est-ce? Sancho, s'écria-t-il. On dirait que ma tête se ramollit ou que ma cervelle fond; jamais sueur pareille ne m'inonda si complétement; mes yeux en sont aveuglés. Donne-moi de quoi m'essuyer.

Sancho lui donna promptement un mouchoir, priant tout bas que son maître ne s'aperçût pas de la vérité. Mais notre héros ayant par malheur ôté son casque, et voyant dans le fond cette marmelade blanche, en approcha aussitôt ses narines.

— Par saint Jacques! s'écrie-t-il, ce sont des fromages mous, traître de gourmand, que tu as mis dans mon casque.

— Des fromages! répondit froidement Sancho, des fromages! baillez-les-moi, monsieur, que je les mange, ou que le diable les mange lui-même, lui qui les y a mis! Ma foi, voilà un singulier tour de messieurs les enchanteurs! Ces coquins-là ont imaginé sans nul doute cette malice pour que votre seigneurie se mît en colère contre moi, et me frottât les épaules; mais ils seront attrapés, parce que mon bon maître réfléchira que je n'avais point avec moi de fromages, et que si j'en avais eu j'aurais mieux aimé les mettre dans mon estomac que dans un casque.

Don Quichotte sans répondre s'essuie le

visage et la barbe, se remet le casque en tête, et s'affermissant sur les étriers :

— Vienne désormais tout ce qui pourra, s'écrie-t-il, me voici en état de défier et de vaincre Satan lui-même!

Le gentilhomme de plus en plus surpris écoutait, regardait, et le chariot arrivait. Il n'était conduit que par deux hommes dont l'un était assis derrière et l'autre monté sur une des mules. Don Quichotte se campa devant eux.

— Où allez-vous, mes amis, dit-il? Quel est ce char? Que contient-il? Que signifient ces banderolles.

— Ce chariot est à moi, monsieur, répond le conducteur. Il contient deux lions, enfermés dans deux cages; lesquels lions sont envoyés au roi notre sire par le gouverneur d'Oran. Les banderolles aux armes du roi indiquent que le présent est pour lui.

— Sont-ils grands ces lions?

— Si grands que jamais il n'en vint de

pareils en Espagne. Le lion est dans cette cage et la lionne dans l'autre. Ils ont grand'-faim à l'heure qu'il est, car ils n'ont pas encore mangé d'aujourd'hui; aussi veuillez ne pas nous retenir davantage.

— J'entends! répliqua don Quichotte avec un sourire de dédain; c'est-à-dire que l'on me dépêche des lionceaux! Ah! ah! des lionceaux à moi! Il faut faire voir à ce monsieur qui les envoie si je suis homme à m'épouvanter pour des lions. Mettez pied à terre, mon ami, ouvrez ces cages, et faites sortir ces pauvres bêtes, je serai bien aise d'apprendre aux enchanteurs qui me les envoient ce que c'est que don Quichotte de la Manche.

Le conducteur, Sancho et don Diègue voulurent en vain lui faire entendre raison.

— Je sais mieux que personne ce que j'ai à faire! vociférait notre héros. Si vous avez peur, éloignez-vous. Et toi, pendard de conducteur, si tu n'ouvres ces cages tout à l'heure, cette lance que tu vois va te clouer à ta charrette.

Don Diègue voyant enfin que rien ne pouvait ébranler la résolution de notre chevalier, prit le parti de piquer des deux et de s'éloigner à toute bride dans la campagne. Le charretier le suivit sur ses mules, ainsi que le triste Sancho sur son âne. Quand le conducteur les vit à une assez grande distance, il se décida à satisfaire notre héros. Tandis qu'il ouvrait avec précaution la cage, don Quichotte, craignant que la vue des lions n'effrayât Rossinante, adopta le parti de combattre à pied. Il s'élance à terre, se couvre de son écu, et l'épée à la main il attend de pied ferme.

Enfin la cage est entièrement ouverte, et le lion parut d'une grandeur extraordinaire, avec la crinière hérissée, le regard farouche et terrible. Don Quichotte le considère sans effroi; le lion se retourne, se roule, étend lentement ses membres, allonge ses grffes, ouvre la gueule, et après un long bâillement, il passe et repasse une langue qui sort de deux pieds, sur ses yeux, sur son mufle, sur ses joues, en dardant deux prunelles qui ressemblent à deux brasiers.

Don Quichotte impassible suit attentivement tous ses mouvements, mourant d'envie d'en venir aux prises; mais le lion plus sage que notre héros, le méprisant peut-être, après avoir regardé de tous côtés, se recouche doucement, en lui présentant le derrière. Don Quichotte voulait que le conducteur le harcelât à coups de bâton, et le forçât à s'élancer.

— Non pas, s'il vous plaît, répondit le pauvre diable; la première chose qu'il ferait serait de me mettre en pièces. Mais, monsieur, n'êtes-vous pas content ? N'avez-vous pas assez fait voir votre vaillance ? Je le donnerais bien à dix d'oser autant. Vous avez défié l'ennemi, il refuse. La victoire est à vous, seigneur : le lion a fui, donc il est vaincu.

— Tu as raison, mon ami, reprit don Quichotte; ferme cette cage; et donne-moi une attestation en bonne forme, écrite et signée par toi, que tu as ouvert au lion, que je l'ai attendu, et qu'au lieu de sortir il s'est couché. Je suis quitte envers mon devoir; et maintenant, nargue des enchanteurs! et vive la chevalerie!

A ces mots, il attache son mouchoir au bout de sa lance, l'agite en l'air pour faire signe aux fuyards que le combat est terminé. Don Diègue, Sancho et le muletier se hâtent de revenir. A peine étaient-ils arrivés:

— Camarade, dit le héros au muletier, tu peux ratteler tes mules, et poursuivre ta route; et toi, Sancho, donne deux écus d'or à ces gens pour le temps que je leur ai fait perdre.

— De tout mon cœur, reprit l'écuyer. Mais que sont devenus les lions? Sont-ils morts, ou vivants?

Alors le conducteur des lions prenant la parole, exposa comment la chose s'était passée, exagérant du mieux qu'il put, à sa manière, la valeur de don Quichotte, et attribuant à la poltronnerie du lion la frayeur qu'il lui avait causée; puis, ayant reçu les écus d'or, il se prépara à partir, promettant à don Quichotte de raconter au roi l'action dont il avait été témoin.

— Si sa majesté demande, répondit don Quichotte, quel est celui qui osa mettre fin à cette aventure, je vous serai obligé de lui dire que c'est le chevalier des Lions, car désormais je veux porter ce nom au lieu de celui de chevalier de la Triste Figure.

Cela dit, ils se séparèrent; et don Quichotte, Sancho, don Diègue, poursuivirent leur chemin. Ce dernier, de plus en plus étonné de la folie du chevalier, demeurait plongé dans une profonde rêverie. Don Quichotte s'en aperçut.

— Seigneur don Diègue, dit-il, je ne doute pas que vous ne me preniez pour un homme téméraire, et qui n'est pas dans son bon sens. Cependant je vous avertis que je ne suis pas si fou que vous avez pu vous l'imaginer. Le propre de la chevalerie errante est de pousser le courage jusqu'à ses dernières limites : je dois donc rechercher les dangers, les braver, m'y jeter, m'y plaire, travailler à chaque instant à me rendre inaccessible à la peur. Ainsi, je rencontre sur mon chemin des lions, je les attaque sans hésiter : cette entreprise peut paraître extravagante, je le sais ; mais, en bravoure, comme en morale, seigneur don Diègue, il vaut mieux risquer de passer le but que de demeurer en deçà.

—En vérité, seigneur chevalier, répondit le gentilhomme, tout ce que vous faites, et tout ce que vous dites me paraît admirable; mais il se fait tard, doublons le pas, je vous prie, afin d'arriver à ma maison, où j'espère que vous voudrez bien vous reposer quelques jours.

Notre héros le remercia poliment. En même temps ils pressèrent leurs chevaux, et ils arrivèrent sur les deux heures chez don Diègue. Don Quichotte fut reçu avec une courtoisie pleine de bienveillance par la femme de don Diègue, la senora Christiné, et le plus jeune de ses fils, don Laurenzo. Il fut conduit dans une salle où Sancho le désarma, jeta sur sa tête, pour la nettoyer du lait caillé dont ses cheveux étaient comme englués, cinq ou six aiguières d'eau fraîche, lui donna du linge blanc, et bientôt après notre héros sortit en pourpoint de peau de chamois, tout noirci du frottement de ses vieilles armes, avec un collet en toile à la valonne, des brodequins à la mauresque, sa bonne épée à son côté, suspendue à un baudrier de loup marin, et les épaules couvertes d'un petit manteau de drap minime. Dans cet équipage leste et galant, don Quichotte parut au salon, où l'attendait un festin digne de la générosité de ses hôtes. Pendant la toilette de notre héros, don Diègue avait pris sa femme et son fils en particulier, et leur avait appris ce que c'était que le chevalier des Lions.

— C'est, leur avait-il dit, un fou sans remède, que tous les médecins du monde ne viendraient pas à bout de guérir ; mais, en vérité c'est un agréable fou, et qui a parfois d'excellents intervalles de bon sens.

Le dîner se passa donc au mieux. On laissa disserter don Quichotte tout à son aise sur la chevalerie errante, sans chercher à redresser les écarts de son imagination. Il était enchanté.

Quatre jours se passèrent ainsi; le matin du cinquième, le héros de la Manche dit à don Diègue :

— Seigneur, je n'oublierai jamais la réception que vous m'avez faite; aussi ma tête, mon cœur et mon bras seront-ils toujours à votre service. Mais le plus audacieux courage s'énerve dans l'oisiveté; il est temps que je vous quitte. Les aventures m'appellent. L'une de celles que je désire le plus entreprendre, est de pénétrer au fond de la caverne de Montesinos, dont on dit tant de merveilles, lieu célèbre où sont les sept sources du Ruidera.

Don Diègue et son fils applaudirent à ce projet.

— Puisque vous m'approuvez, continua don Quichotte, j'aurais un service à vous demander. Ce serait de vouloir bien me donner un guide pour me conduire par le plus court chemin à la caverne de Montesinos.

Aussitôt Laurenzo, après avoir obtenu l'agrément de son père, s'offrit en cette qualité. Le chevalier, après s'être confondu en remerciemens, monta sur Rossinante, Sancho, qui avait eu soin de bien garnir son bissac, sur son âne, et maître et écuyer se mirent en route, sous la conduite du complaisant fils de don Diègue. Ils arrivèrent, sur la tombée du jour, à un village où ils passèrent la nuit. Laurenzo avertit don Quichotte qu'il n'était plus qu'à deux lieues de la caverne, et que s'il avait toujours l'intention d'y descendre, de longues cordes étaient nécessaires. Notre héros en fit acheter cent brasses par Sancho; et le lendemain ils arrivèrent, vers les deux heures de l'après-midi, à l'entrée du précipice, qui, quoique large et spacieuse, était si remplie de ronces et de broussailles, qu'on la pouvait à peine apercevoir.

Don Quichotte ne fut pas plus tôt descendu de cheval qu'il se fit passer sous les bras plusieurs doubles de la corde. Quand il se vit bien attaché, il s'approcha de l'ouverture du gouffre.

— Seigneur, lui dit Laurenzo, je vous supplie de ne rien oublier des merveilles que vous allez découvrir, afin que je puisse en faire le récit à mon père.

— Soyez tranquille, répliqua Sancho, à présent qu'il a les doigts sur la flûte, ne doutez pas qu'il n'en joue.

Cependant le chevalier tire son épée, et coupe les broussailles qui lui fermaient le chemin; mais au même instant un grand bruit se fait entendre dans la caverne, et une épaisse nuée de corbeaux, de corneilles, de chauves-souris, en sort avec tant d'impétuosité, qu'il est renversé par terre. Son cœur intrépide n'est point alarmé de ce mauvais augure : il se relève, et s'abandonnant à la corde, que tenaient Sancho et Laurenzo, il se laisse couler dans le précipice. Il descendait, demandant toujours qu'on filât de la corde. Le guide et l'écuyer obéissaient; bientôt ils n'entendirent plus la voix du héros, et les cent brasses étaient à leur fin. Incertains de ce qu'ils devaient faire, ils demeurèrent néanmoins à peu près une demi-heure à se consulter. Au bout de ce temps, ils jugèrent qu'il fallait retirer la corde; elle revenait avec beaucoup plus de facilité qu'ils ne l'avaient lâchée, ce qui leur fit croire que don Quichotte n'était plus au bout. Sancho pleurait, se désolait; enfin, au bout de quatre-vingts brasses, il sent tout à coup qu'elle était pesante; il en jette un cri de joie. Un instant après il voit distinctement son maître,

— Soyez le bienvenu! s'écrie-t-il, nous croyions déjà que vous étiez demeuré pour gages.

Mais don Quichotte ne répondait point. Quand il fut tout à fait remonté l'on s'aperçut qu'il était endormi : aussitôt on le délie, on l'étend par terre, on le secoue; il s'éveille enfin.

— O mes amis, s'écrie-t-il, vous me privez du plus doux, du plus beau spectacle de l'univers: hélas! il est donc vrai, tous les plaisirs de cette vie passent comme un songe.

Sancho et Laurenzo, tout surpris, lui demandèrent de leur raconter ce qu'il avait vu dans cet enfer.

— Ce n'est point un enfer, reprit-il, c'est le séjour des merveilles. Asseyez-vous, mes enfants, écoutez bien, et croyez.

— Je descendais dans les ténèbres de cet abîme, lorsqu'à une longue distance du jour, je découvris sur ma droite une cavité profonde, éclairée seulement par de faibles sillons de lumière. Je résolus de m'y arrêter : c'est alors que je vous criai de ne plus filer la corde ; voyant, que malgré mes cris, elle arrivait toujours, je la saisis, j'en fis un rouleau sur lequel je m'assis. Un sommeil paisible vint aussitôt s'emparer de mes sens. Tout à coup je me réveille, et me trouve dans la plus belle et la plus délicieuse prairie ; en même temps s'offre à ma vue un magnifique palais de cristal ; par une des portes sort un vieillard vénérable, vêtu d'une tunique verte, couvert d'un manteau qui traînait jusqu'à terre, et portant sur la tête une toque noire. Sa barbe blanche passait la ceinture. Il tenait à la main un rosaire dont les grains étaient de véritables diamans, dont quelques-uns n'étaient pas moins gros que des œufs d'autruche. Il s'avance vers moi, m'embrasse, et me dit :

— Il y a bien longtemps déjà, valeureux chevalier de la Manche, que tous tant que nous sommes ici d'enchantés soupirons après ton arrivée. Suis-moi, illustre chevalier ; viens que je te révèle les étonnantes merveilles de ce palais transparent, dont je suis le gouverneur éternel : c'est Montesinos qui te parle.

A ces mots, il marche devant moi et me conduit dans une salle basse du palais, dont les murailles étaient d'albâtre. Là, je vis un tombeau de bronze d'un travail admirable, sur lequel un homme en chair et en os était couché tout de son long. Je restai muet de surprise. Montesinos le remarqua.

— Il faut que tu saches, me dit-il, qu'après la bataille de Roncevaux, le fameux nécromant Merlin enchanta, sans que personne ait jamais su pourquoi, un grand nombre de guerriers qui combattaient dans l'armée de Roland, et avec eux plusieurs des personnes qui leur étaient chères. Ce chevalier que tu vois étendu sur ce sépulcre est le valeureux Durandard, le meilleur de mes amis.

Dans ce moment, Durandard s'écria d'une voix triste et lamentable :

— Montesinos, mon cher cousin, que sont devenus mon fidèle écuyer, ma mère Ruidera, ses filles et ses nièces?

— Hélas! vous le savez, mon bien-aimé parent, répondit aussitôt Montesinos les yeux pleins de larmes : voilà cinq cents ans et plus que nous avons été transportés ici par le sage Merlin, vous, moi, votre écuyer Guadiana, votre mère Ruidera, sept de ses filles, deux de ses nièces, et une infinité d'autres infortunés. Nous nous portons bien tous, grâce à Dieu, si ce n'est votre mère Ruidera, ses filles, ses nièces, qui, à force de pleurer, ont été métamorphosées en fontaines. Quant à votre écuyer Guadiana, un malheur aussi lui est arrivé : comme il ne pouvait se consoler de votre perte, il a été changé en un fleuve qui porte son nom. Mais voici le fameux don Quichotte de la Manche, dont le fameux Merlin fit tant de prédictions ; j'ai lieu d'espérer que ce héros pourra nous désenchanter.

— Ah! mon cher cousin, quand cela ne serait point, prenons patience et mêlons les cartes, reprit Durandard, qui, perdant la parole, se retourne sur le côté.

Au même instant des plaintes, des cris, m'ont fait retourner la tête; j'ai vu dans une autre salle, à travers les murs de cristal, une procession de fort belles dames, toutes en deuil, avec des turbans blancs sur la tête.

— Voilà, me dit le vieillard, les femmes qui composaient la suite de la malheureuse Ruidera. Quatre fois par semaine elles font cette triste procession autour du corps de Durandard.

Il en était là de ses explications, lorsque je me suis senti enlevé de terre; et le palais, la prairie, Montesinos, tous ces objets ont disparu soudain à mes yeux.

— Mais comment se peut-il faire, monsieur, demanda Laurenzo, que vous ayez pu voir et dire tant de choses, pendant une heure à peine que vous avez été dans cette caverne?

— Comment, une heure! répliqua don Quichotte; j'ai remarqué trois fois le soleil se lever et se coucher.

— Sainte Marie! s'écria Sancho en se frappant le front, est-il possible que les enchanteurs puissent troubler à ce point la raison de mon bon maître.

— Mon ami, répondit gravement don Quichotte, je veux bien te pardonner cette réflexion, en considération de l'attachement que tu me portes; mais dorénavant sois plus circonspect. Tu connais mon horreur pour le mensonge; je t'affirme et te répète que ce que tu viens d'entendre m'est arrivé de point en point. Je n'ai point encore tout dit; et, lorsqu'il en sera temps, je t'apprendrai bien d'autres merveilles, qui te rendront celles-ci très-simples et très-croyables.

Nous devons déclarer qu'en marge du manuscrit qui contient l'histoire du grand don Quichotte, on trouve écrit, de la main même de l'auteur, cette remarque importante :

« Toutes les aventures que nous avons
« vues jusqu'à présent, quoique extraordi-
« naires, peuvent s'expliquer naturelle-
« ment. Celle-ci seulement choque entiè-
« rement la raison. D'un autre côté, la
« candeur, la bonne foi, la franchise de
« notre héros, repoussent tout soupçon de
« mensonge. Ce qui paraît le plus vrai-
« semblable, c'est que, pendant son som-
« meil, il a rêvé ce qu'il a dit. »

Quoi qu'il en soit, Laurenzo remercia le chevalier de son étonnant récit, et lui promit d'en faire une relation exacte à son père. Après avoir dîné sur l'herbe, des provisions de Sancho, tous trois remontèrent à cheval. Laurenzo prit congé de don Quichotte pour retourner chez don Diègue, tandis que notre chercheur d'aventures et son écuyer poussèrent en avant.

## CHAPITRE XIV.

Aventure de la barque enchantée. — Comment notre héros rencontra une belle dame qui chassait. — Réception de Don Quichotte et Sancho Pança chez le duc et la duchesse.

Nos voyageurs se trouvèrent surpris par la nuit au milieu d'un bois ; ils descendirent de leurs montures et se couchèrent chacun au pied d'un arbre. Pour cette fois, rien d'extraordinaire ne vint troubler leur sommeil. A l'aube du jour, ils se remirent en route et se dirigèrent vers l'Èbre, dont ils côtoyèrent les bords. Tandis que, séduit par la beauté du lieu, don Quichotte se laissait aller à une douce rêverie, il aperçut une petite barque sans rames, sans gouvernail et sans voiles, amarrée à un tronc d'arbre. Il regarde de tous côtés, et, ne voyant personne, il s'élance à terre, dit à Sancho de l'imiter, et d'attacher leurs montures à un saule qui était près de là. Sancho lui demande ce qu'il veut faire.

— Mon devoir, répond-il gravement. Cette barque n'est pas là pour rien; nul doute qu'elle ne se trouve ici pour m'inviter à y entrer, afin d'aller secourir quelque chevalier ou quelque autre personne qui est engagée dans un extrême péril.

Sancho fit ce que son maître lui ordonnait en hochant de la tête, et d'un air profondément piteux. Rossinante et le grison, une fois solidement attachés au saule :

— Seigneur don Quichotte, dit-il, vous êtes obéi. Que reste-t-il à faire ?

— Rien autre chose que de nous recommander à Dieu, et de nous embarquer sur ce léger esquif, en suivant en aveugles nos destinées.

Il dit, et saute dans la barque. Son écuyer le suit, rompt le lien qui le retenait, et le bateau s'éloignant du bord, suit doucement le cours du fleuve. Il n'était pas encore à deux toises du rivage, que Sancho se prit à trembler de peur.

— Qu'as-tu? homme sans courage, lui dit don Quichotte, indigné de tant de faiblesse; qu'as-tu, misérable ver de terre? Te fait-on traverser pieds nus les éternelles glaces des monts Riphées, ou les sables brûlants de la Libye? Non; assis à ton aise dans un navire qui file cent nœuds à la minute, tu suis le paisible cours du plus beau fleuve du monde. Va, va, console-toi, nous allons bientôt entrer dans le vaste Océan, si nous n'y sommes déjà, car nous avons fait pour le moins sept ou huit cents lieues; si j'avais un astrolabe, je te dirais juste où nous sommes, mais je puis t'assurer que nous avons au moins passé la ligne équinoxiale.

— Je vous crois, monsieur, je vous crois; mais combien a-t-on fait de chemin quand on a passé cette ligne?

— On a parcouru la moitié du globe.

— Dites-moi un peu, je vous prie, comment l'on est sûr d'avoir passé cette ligne?

— Écoute : lorsque nos vaisseaux partent de Cadix pour les Indes, les marins reconnaissent qu'ils sont au-delà de la ligne équinoxiale, à ce que tous les insectes qui sont alors dans le bâtiment viennent à mourir sur-le-champ.

Sancho, qui écoutait son maître avec une extrême attention, porte vivement la main à sa jambe :

— Monsieur, s'écrie-t-il, nous n'avons point franchi la ligne, car je viens de prendre une puce qui me mordait jusqu'au sang.

Mais le mouvement brusque qu'il avait fait pour saisir la maudite bête, fit pencher si fort la barque, que l'eau entrant par le bord, elle chavira. Nos deux aventuriers tombèrent au milieu des ondes. Don Quichotte, malgré le poids de son armure, parvint à gagner la rive; Sancho, qu'il aida, se sauva de même. Comme ils se regardaient à terre, ruisselants de toutes parts, ils se virent environnés des pêcheurs à qui appartenait la barque. Ceux-ci demandaient à grands cris qu'on leur payât le dommage.

— Je ne m'y refuse pas, répondit don Quichotte, pourvu que vous m'indiquiez la forteresse ou le château dans lequel on retient captif le chevalier que je viens délivrer.

— Quelle forteresse? quel château? quel chevalier? répétaient à tour de rôle les pêcheurs.

— Allons! je vois bien qu'il y a encore de l'enchantement dans cette aventure. J'ai fait tout ce qu'il m'était possible de faire : apparemment les destinées réservent à un autre un si grand exploit. Sur ce, Sancho, paie à ces bonnes gens ce qu'ils demandent.

L'écuyer compta, en soupirant, cinquante réaux aux pêcheurs; et quand il eut achevé :

— Encore deux embarquements comme

celui-là, dit-il, et nous pourrons dire :
Adieu paniers, vendanges sont faites.

Nos deux héros, après s'être séchés au soleil, allèrent rejoindre leurs coursiers. Telle fut la glorieuse fin de l'aventure de la barque enchantée.

Le jour suivant, comme ils traversaient une prairie, don Quichotte aperçut une troupe de fauconniers et de chasseurs. Au milieu d'eux était une dame, jeune et belle, en superbe habit d'amazone, et montée sur une haquenée blanche. Elle avait un faucon sur le poing : la déférence et les hommages qu'on s'empressait de lui rendre indiquaient qu'elle était d'un haut rang, et qu'elle commandait à tous les chasseurs.

— Mon fils Sancho, dit notre chevalier, va-t'en saluer de ma part la dame de la haquenée ; dis-lui que le chevalier des Lions lui demande la permission d'aller déposer son respect à ses pieds. Prends garde surtout à la manière dont tu t'acquitteras de ce message, et ne va pas mêler tes proverbes au discours que tu lui feras.

— Pardi ! vous avez bien trouvé votre homme, répondit Sancho; n'ayez pas peur que je lui dise de proverbes; je sais la manière dont il faut parler. Un bon payeur ne craint jamais de donner des gages, et, dans une maison bien approvisionnée, la nappe est tantôt mise. Nous ne sommes pas manchot, et je ferai tout aussi bien l'ambassadeur que je fais l'écuyer.

A ces mots, il part au trot de son grison, arrive au milieu des chasseurs, s'approche de l'amazone, descend, se met à genoux, et lui dit :

— Haute et puissante dame, je m'appelle Sancho Pança, écuyer du chevalier des Lions, que vous voyez là-bas. Mon maître, qui s'intitulait jadis le chevalier de la Triste Figure, m'envoie dire à votre grandeur qu'il serait charmé de se consacrer au service de votre altesse et de votre oiseau; mais, pour cela, il lui faut la permission de se présenter devant votre seigneurie.

— Aimable écuyer, répondit la dame, vous vous acquittez à merveille des messages que l'on vous donne. Relevez-vous, noble ami, fidèle compagnon du chevalier de la Triste Figure, dont je connais parfaitement la gloire et les exploits, et allez dire à votre maître que le duc mon époux et moi nous serons ravis de le recevoir dans notre maison, peu éloignée d'ici.

Sancho, tout joyeux d'une si agréable réponse, se hâte de la porter à son maître. Notre héros, en l'écoutant, se redresse sur sa selle, s'affermit sur ses étriers, relève la visière de son casque, raccourcit ses rênes, pour donner un peu de grâce à Rossinante, et s'avance la tête haute. Pendant ce temps, la duchesse avait fait appeler son époux pour l'instruire de l'ambassade. Il faut savoir que tous les deux connaissaient dans ses moindres détails l'histoire de don Quichotte; ils la tenaient de la bouche même de don Diègue, qui était de leurs amis. Ils résolurent donc de se plier entièrement à son humeur, à ses idées, et convinrent de le traiter comme un véritable chevalier errant. Don Quichotte, arrivant alors, voulut se hâter de descendre. Sancho, se dépêchant aussi d'aller lui tenir l'étrier, s'embarrassa si bien la jambe dans une corde de son bât, qu'il y resta pendu par le pied, la poitrine et le visage en terre. Notre héros ne le vit point, et, croyant qu'il lui tenait l'étrier, descendit sans précaution. Mais la selle de Rossinante, entraînée par le poids du corps, tourna sous le ventre du cheval, et le chevalier tomba rudement entre les jambes de son coursier. Au désespoir de cet accident, il maudissait tout bas son écuyer, lorsque les chasseurs, par l'ordre du duc, coururent le relever et dépendre le pauvre Sancho. Don Quichotte, tout froissé de sa chute, s'en alla, clopin-clopant, mettre un genou en terre devant madame la duchesse;

le duc le retint et l'embrassa. Après un mutuel échange de politesses, toutes dans le goût de la plus pure chevalerie, le duc ajouta :

— Allons! prenons le chemin de mon château, si l'illustre chevalier de la Triste Figure veut nous faire l'honneur d'y venir.

— Sans doute, dit Sancho, il le veut bien, et moi aussi; mais que votre altesse n'oublie pas de ne plus nous appeler chevalier de la Triste Figure; il n'y a plus maintenant de Triste Figure; présentement nous portons le nom de chevalier des Lions.

Chacun remonta à cheval, et l'on se mit en route. La duchesse marchait entre son époux et don Quichotte, qui lui dit :

— Madame, je dois vous prévenir que jamais chevalier errant n'eut un écuyer aussi familier, aussi bavard que le mien : je vous en demande pardon pour lui.

— Félicitez-m'en plutôt, reprit la duchesse en riant, dès longtemps je suis instruite que Sancho a de l'esprit et de la gaieté ; aussi peut-il parler souvent et beaucoup sans craindre de m'ennuyer.

Cela dit, elle appela l'écuyer pour venir causer avec elle : Sancho ne se le fit pas répéter ; il poussa promptement son âne à côté de la duchesse, se mit en rang avec monsieur le duc, et ne laissa pas tomber la conversation. Lorsqu'on approcha du château, celui-ci prit les devants, et alla lui-même donner des ordres pour la réception qu'il voulait faire à don Quichotte. Dès que le chevalier parut, deux valets de pied, richement vêtus, accoururent l'aider à descendre ; deux autres vinrent en grande cérémonie placer sur ses épaules un magnifique manteau d'écarlate. Les galeries se remplirent d'hommes et de femmes, qui, répandant sur lui des essences, criaient :
— Salut à la fleur de la chevalerie errante !
Enchanté de tant d'honneurs, don Quichotte s'avançait gravement, et remerciait tout bas le ciel de ce qu'enfin, une fois dans sa vie,

il se voyait traité de la même manière qu'il avait vu, dans ses livres, traiter les anciens chevaliers errants. On l'introduisit dans une immense salle, tapissée de brocard d'or et d'argent. Six pages vinrent le désarmer. Cela fait, il les remercia, appela son écuyer pour achever sa toilette, et s'enferma seul avec lui. Il profita de cet instant de liberté pour lui donner quelques conseils relativement à son intempérance de langage.

— Sancho, mon ami, dit-il, retiens ta langue, pèse tes paroles, et regarde à qui tu parles avant d'ouvrir la bouche; qu'on ne te prenne pas pour un lourdaud, un rustre, ou un misérable bouffon.

Sancho promit d'être circonspect et de se mordre la langue toutes les fois qu'il voudrait dire une sottise. Il habilla son bon maître qui prit son baudrier de veau marin et sa bonne épée, mit le manteau d'écarlate sur ses épaules, et sur sa tête une toque de satin vert, puis rentra dans le salon en cet équipage. Il y trouva les six pages rangés en haie, pour le recevoir, ce qu'ils firent avec beaucoup de salutations et de révérence; et en même temps arrivèrent douze autres pages, précédés du maître d'hôtel, pour lui annoncer que le dîner était prêt. Il marcha au milieu d'eux en grande pompe, jusqu'à la salle du festin, où trois couverts seulement se voyaient sur une table chargée de mets.

Le duc et la duchesse l'attendaient. Quand vint le moment de s'asseoir, don Quichotte, après avoir résisté longtemps, se vit contraint d'accepter la place d'honneur. La duchesse se mit à sa droite, et le duc vis-à-vis. Sancho était tout surpris des instances qu'avait faites le duc pour donner à son maître la première place. Après avoir réfléchi quelques minutes, il dit:

— A propos de places, si vos seigneuries me le permettent, je vais leur raconter ce qui arriva un jour dans mon village.

— Madame la duchesse, interrompit don

Quichotte, vos bontés ont tourné la tête de ce pauvre homme; ordonnez-lui de se retirer, car il va dire mille impertinences.

— Tant s'en faut, répondit la duchesse, je lui ordonne, au contraire, de rester; et qui plus est, de parler, car j'aime son esprit, et me fie à sa discrétion.

— Puisse votre grandeur vivre mille ans pour ces bonnes paroles! reprit Sancho. Mais voici mon conte :

« Un gentilhomme de notre village, fort riche et de noble race, amena un jour un pauvre laboureur de chez nous dîner chez lui; lorsqu'il fut question de se mettre à table, le gentilhomme fit signe au paysan de prendre le haut bout; le paysan ne voulait point, mais le gentilhomme s'y opiniâtrait, et disait qu'il prétendait être le maître chez lui; le paysan, qui se piquait de civilité et de savoir vivre, s'obstinait, jusqu'à ce que le gentilhomme le prît par les épaules et le fît asseoir par force, lui disant tout en colère : « Asseyez-vous, monsieur le rustre, puisque je vous le dis; en quelque endroit que je me mette avec vous, je serai toujours à la place d'honneur. »

Voilà mon conte, messeigneurs, et en bonne conscience je crois n'avoir rien dit qui ne soit à propos.

Quand don Quichotte entendit le dernier mot du conte il devint rouge, il devint blanc, il devint vert. Le duc et la duchesse, qui s'aperçurent de son trouble, se mordirent les lèvres pour ne point rire, dans la crainte de l'irriter davantage, et changèrent de conversation.

Le dîner achevé, quatre pages se présentèrent: l'un portait un bassin de vermeil, l'autre une aiguière, le troisième du linge extrêmement fin, et le quatrième, les bras retroussés jusqu'au coude, une savonnette de senteur. Placer le bassin sous le menton de don Quichotte, lui attacher une serviette au cou, lui savonner la barbe jusqu'à ce qu'il eût les joues, le nez, les yeux mêmes, couverts d'un pouce de mousse, fut l'affaire d'un instant. Notre héros allongeait son maigre cou, se laissait faire, croyant que c'était un usage du pays. Tout à coup le page, qui savonnait toujours, se plaignit de manquer d'eau : un de ses compagnons en alla chercher, et durant ce voyage, notre pauvre chevalier demeura, le visage chargé de gros flocons d'écume et les paupières fermées, pour qu'elle n'entrât pas dans les yeux, dans un état à faire mourir de rire. Tout le monde néanmoins se contenait. Enfin l'on apporta de l'eau : le page acheva de laver la barbe de don Quichotte, l'essuya doucement, lui fit, ainsi que ses trois acolytes, un profond salut, et tous les quatre se retirèrent.

Cependant Sancho qui avait considéré fort attentivement cette cérémonie, disait entre ses dents :

— Jarnigué ! j'aimerais assez que ce fût l'usage de laver la barbe des écuyers aussi bien que celle des maîtres. C'est une mode que j'introduirai dans mes états, lorsque mon maître m'aura mis en possession de l'île qu'il me promet, hélas! depuis si longtemps, et peut-être en vain.

— Non, Sancho, non, ce n'est point en vain, dit le duc, car j'en possède neuf considérables, et en faveur du seigneur don Quichotte, je vous donne, dès aujourd'hui le gouvernement de la plus belle.

— A genoux, Sancho! s'écria don Quichotte, et baise les pieds de son excellence pour la remercier de son bienfait.

L'écuyer obéit sur-le-champ.

— Je disais donc, reprit-il, que cette cérémonie de laver la barbe aux écuyers, irait-on jusqu'à les raser, me plairait assez.

— Eh! mon ami, répondit la duchesse, vous n'avez qu'à parler, ces pages vous laveront la barbe, ils vous mettront même au bain, si cela vous fait plaisir.

— Oh! quant au bain, madame, grand merci! ce n'est guère mon usage.

— Voyez, dit alors la duchesse au maître d'hôtel, à ce que l'on donne à Sancho tout ce qu'il pourra désirer.

Le maître d'hôtel promit d'y veiller, et emmena l'écuyer dîner avec lui.

Restés seuls avec don Quichotte, le duc et la duchesse lui demandèrent un récit bien circonstancié de ses aventures depuis sa dernière sortie. Notre chevalier se hâta de satisfaire leur envie. Il en était à l'aventure de la caverne de Montesinos, quand on vit arriver Sancho, tout effaré, portant au cou un tablier de cuisine, et poursuivi par une douzaine de valets dont l'un tenait un chaudron rempli d'eau fumante.

— Qu'est-ce à dire? demanda la duchesse. Que voulez-vous à ce brave homme?

— Madame, répondit un des valets, nous voulons lui laver la barbe, selon les ordres de votre excellence, et monsieur ne veut pas s'y prêter.

— Non, sans doute, s'écria Sancho, son excellence n'a pas ordonné de prendre un chaudron pour plat à barbe, et de l'eau de vaisselle au lieu de la savonnette parfumée dont on s'est servi pour mon maître. Au reste, toutes ces simagrées-là commencent à m'ennuyer furieusement ; le premier qui touche à ma barbe, je lui applique mon poing fermé sur la sienne, de façon, qu'il s'en souviendra.

— Sancho a raison, reprit la duchesse ; laissez-le en paix, je vous le conseille, ou je vous chasse tous à l'instant.

Cette seule parole fit fuir les valets. Alors Sancho, toujours son tablier au menton, se jeta aux genoux de la duchesse :

— Madame, lui dit-il, c'est fini ; vous êtes si bonne que je suis décidé à me faire chevalier errant pour avoir le droit de proclamer en tous lieux, et de soutenir envers et contre tous, que nulle ne vous égale en grandeur d'âme et en générosité.

— J'en suis fort reconnaissante, mon ami Sancho, et j'espère vous le prouver en pressant monsieur le duc de vous donner le gouvernement qu'il vous a promis.

Après cet entretien, don Quichotte alla faire sa méridienne, Sancho courut visiter son âne, la duchesse se retira dans son appartement, et le duc sortit pour donner de nouveaux ordres aux gens de sa maison, relativement à la manière de traiter don Quichotte sans s'écarter en la moindre chose du style de la chevalerie errante.

## CHAPITRE XV.

### Histoire de la Doloride. — Le cheval enchanté.

L'intendant du duc était un homme d'un esprit inventif et gai; sachant que ses maîtres voulaient s'amuser de la folie de leur hôte, il imagina une comédie fort divertissante. Il leur soumit son plan, et le duc et la duchesse lui ayant donné carte blanche, il fit tous les préparatifs nécessaires.

Derrière le château s'étendait un jardin

magnifique; des ordres furent donnés pour que ce jour-là le couvert y fut mis. A peine le repas était-il achevé qu'on entendit le son languissant d'un fifre mêlé à celui d'un tambour en sourdine. Cette discordante musique s'approchait assez lentement. Tout à coup on vit arriver une espèce de géant, vêtu d'une longue tunique noire, sur laquelle il portait une écharpe en baudrier, où pendait un large cimeterre dont le fourreau et la garniture étaient noirs comme le reste. Il était précédé de deux tambours et d'un fifre, vêtus de deuil comme lui. Il avait sur le visage un voile de crêpe, à travers lequel on apercevait une énorme barbe, blanche comme la neige, qui lui descendait jusqu'à la ceinture. Ce personnage s'avance d'un pas lent et grave, vient fléchir un genou devant le duc, se relève, et d'une voix forte et éclatante lui adresse ces paroles en le regardant fixement :

— Très-haut et très-puissant seigneur,

tu vois devant toi Trifaldin de la Barbe-Blanche, écuyer de la princesse Trifaldi, surnommée la Doloride. Cette infortunée est venue à pied, et sans manger, du royaume de Candaya, dans le seul espoir de te raconter ses incroyables aventures, et d'obtenir de toi quelques renseignements sur l'invincible don Quichotte de la Manche, le seul chevalier qui peut terminer ses maux. Elle est à la porte de ce château, et demande la permission d'y entrer.

Après ce discours, Trifaldin toussa et mania du haut en bas sa longue barbe blanche.

— Il y a bien longtemps déjà, brave écuyer, repondit le duc, que nous sommes instruits des disgrâces de la triste Doloride. Vous pouvez aller lui dire qu'elle sera la bien-venue. Ajoutez, pour la consoler, que l'incomparable don Quichotte se trouve justement ici.

A ces mots, Trifaldin met de nouveau un genou en terre, et s'en retourne du même pas, toujours au son de sa triste musique.

— Vous le voyez, s'écria le duc, en s'adressant à notre héros, les ténèbres de la malice et de l'envie ne sauraient obscurcir l'éclat de la valeur et de la vertu. Six jours à peine se sont écoulés depuis que votre présence honore ces lieux, et voilà déjà que, des pays les plus lointains, les malheureux, les opprimés, guidés par votre seule renommée, y viennent implorer votre appui.

— J'avoue, répondit don Quichotte, que je n'ai jamais été si glorieux de mon titre de chevalier errant, et si persuadé de l'excellence de cette noble profession. Qu'elle arrive, cette dame affligée, qu'elle me raconte ses peines; elle peut compter d'avance sur la force de mon bras.

La princesse Trifaldi ne tarda pas à paraître. Elle était précédée de douze femmes, ayant des robes extraordinairement amples, avec des coiffes blanches si longues, qu'elles retombaient jusqu'à terre ; elles marchaient deux par deux, sur deux lignes. La tunique noire de la Doloride se terminait par trois pointes, que trois pages portaient gravement. Cette princesse était voilée, ainsi que ses douze compagnes, et s'avançait en s'appuyant sur son écuyer Trifaldin. Le duc, la duchesse, don Quichotte se levèrent à son approche. La Doloride, sans ôter son voile, vint se jeter aux pieds du duc, qui se hâta de la faire asseoir à côté de la duchesse, et lui demanda respectueusement ce qu'il pouvait faire pour son service.

— Puissantissime seigneur, répondit-elle, et vous, bellissime dame, et vous illustrissimes auditeurs, je ne doute pas d'émouvoir vos cœurs obligeantissimes par le récit de mes chagrins et de mes tourments horribilissimes. Mais, avant tout, je voudrais bien savoir si le magnanissime don Quichotte et son illustrissime écuyer ne sont point dans cette compagnie excellentissime.

— Oui, madamissime, interrompit Sancho : voilà en personnissime, l'invictissime don Quichotte avec son écuyer fidélissime ; vous les trouverez diligentissimes à servir votre beauté dolorissime.

Don Quichotte se fit alors connaître, et promit de tout entreprendre pour l'infortunée princesse. Celle-ci voulut embrasser les genoux de notre héros ; mais il ne le souffrit pas, et la pria seulement de l'instruire de ses malheurs. La Doloride commença ce récit.

« Vous connaissez sans doute le fameux royaume de Candaya, situé entre la mer du Sud et la Grande-Trapobane, six mille lieues par de là le cap Comorin. C'est là que régnait la reine Magonce, veuve du roi Archipiela, qui, en mourant, n'avait laissé que moi pour unique héritière de ce vaste état. Plusieurs princes se présentèrent pour obtenir ma main ; mais, hélas ! parmi tant de soupirants couronnés, un simple chevalier me plut. Il était jeune et beau, poëte, musicien. Il joignait à mille talents divers des qualités solides. Don Clavijo (c'était le nom du chevalier) fit si bien que je jurai de n'avoir jamais d'autre époux que lui; en vain ma mère voulut s'opposer à ce mariage : mes sollicitations et mes larmes lui arrachèrent son consentement, et notre union s'accomplit avec toutes les formalités requises.

« Cependant la reine Magonce s'affecta si fort de ce qu'elle appelait cette mésalliance, qu'au bout de trois jours elle fut mise en terre. » (Ici la Doloride essuie une larme par-dessous son voile.)

— Elle mourut donc? demanda Sancho.

— Oui, répondit l'écuyer Trifaldin; il est d'usage, dans le royaume de Candaya, de n'enterrer que les personnes mortes.

— A la bonne heure, reprit Sancho; mais je trouve que madame Magonce prit la chose un peu trop vivement.

— C'est aussi mon opinion, ajouta don

Quichotte. Mais écoutons la fin de l'histoire.

La Doloride continua :

« La reine étant morte, nous nous occupâmes de lui rendre les derniers devoirs. A peine venais-je, éplorée, de lui adresser le dernier adieu, qu'on vit paraître au-dessus de la tombe, monté sur un cheval de bois, le fameux géant Malambrun, cousin germain de ma mère, et le plus cruel des magiciens. Malambrun, pour venger la mort de la reine Magonce, qu'il attribuait à ma désobéissance, nous enchanta immédiatement. Pour châtier la témérité, disait-il, de don Clavijo, il le convertit en un effroyable crocodile d'un métal inconnu ; et près de cette épouvantable figure on vit s'élever un perron de marbre, sur lequel était écrit en caractères syriaques : « Le « coupable Clavijo ne reprendra sa pre- « mière forme que lorsque le chevalier de « la Manche osera m'appeler en combat « singulier. »

« Pendant ce temps, je m'étais réfugiée au milieu des femmes de ma suite. Malambrun s'avance vers moi, prononce quelques paroles magiques, et mes compagnes et moi sentons toutes à nos mentons comme des milliers de pointes d'aiguilles. Nous nous pressons d'y porter les mains : hélas! nous trouvons... nous trouvons ce que vous allez voir. »

Aussitôt la Doloride et les douze duègnes lèvent à la fois leurs voiles, et découvrent des visages couverts de barbes épaisses, les unes noires, les autres blanches, d'autres rousses, et d'autres grisonnantes. Sancho recula de six pas; le duc, la duchesse et notre héros se regardèrent avec des yeux surpris.

« Voilà, continua la princesse, voilà dans quel état nous a mises ce scélérat de Malambrun! »

En prononçant ces mots, elle s'évanouit. Sancho, la voyant tomber, s'écria :

— Par le nom des Pança, mes ancêtres!

je n'ai de ma vie ouï dire une aventure si extraordinaire! Ah! coquin! ah! fils de Satan de Malambrun, si je te tenais...

— Rassurez-vous, disait de son côté don Quichotte aux duègnes barbues, je jure de finir vos maux et d'y travailler à l'instant même : apprenez-moi ce que je dois faire.

A cette parole, la princesse Trifaldi revint de son évanouissement.

— Je renais à la vie, dit-elle; vos promesses ont arrêté mon âme prête à s'échapper. Sachez, invictissime chevalier, qu'avant de disparaître le géant Malambrun me dit : « Je te condamne à chercher par toute la terre le vaillant don Quichotte de la Manche, jusqu'à ce que tu l'aies rencontré. Lorsque tu l'auras trouvé, je lui enverrai, pour le transporter dans le royaume de Candaya (vous saurez que nous en sommes séparés par une distance de cinq mille lieues, si l'on prend le chemin de terre; mais, en allant par les airs, la distance n'est guère que de trois mille deux cent vingt-sept lieues), un cheval de bois qui vaut mieux que tous les coursiers du monde. Ce cheval, qui n'est point ferré, qui ne mange et ne dort jamais, se dirige par une cheville plantée au milieu de son front. Plus rapide que la pensée, il vole au-dessus des nuages : c'est le chef-d'œuvre du savant Merlin. » Telles furent les paroles de Malambrun, qui s'envola aussitôt sur ce coursier, que, par la force de ses charmes, il est parvenu à s'approprier. J'espère, je ne doute point, qu'avant une demi-heure, vous ne le voyiez arriver pour vous porter devant Malambrun.

— Combien tient-on sur ce cheval? demanda Sancho d'un air inquiet.

— On y tient deux, répondit la Doloride, l'un sur la selle, et l'autre en croupe; d'ordinaire ces deux personnes sont le chevalier et l'écuyer.

— Et comment l'appelez-vous, ce cheval?
— *Chevillard le léger*.
— Eh bien ! je suis le serviteur de mon-

sieur Chevillard le léger. Mais j'ai l'honneur de vous déclarer que je ne monterai point sur sa croupe. D'ailleurs mon intervention n'est nullement nécessaire dans ce rasement de barbes.

— Vraiment si, elle est nécessaire, répliqua la Doloride ; car il est arrêté dans les destinées que rien ne peut se faire sans vous.

— Rien ne se fera donc, madame la Doloride ; car il est arrêté dans ma volonté que je ne suivrai point mon maître.

Cependant les derniers rayons du jour commençaient à ne plus éclairer que faiblement les objets, lorsqu'on vit paraître dans le jardin quatre sauvages tout couverts de lierre, et qui portaient sur leurs épaules un grand cheval de bois. Ils le posent à terre sur les quatre pieds, et l'un d'eux s'écrie :

— Le valeureux Malambrun engage sa parole à celui de vous qui sera assez hardi pour le combattre, de n'employer contre lui que son cimeterre. Qu'il monte donc sur ce coursier, et prenne en croupe son écuyer, il suffira de tourner la cheville que vous voyez, pour qu'ils soient portés, à travers les airs, là où les attend Malambrun. Mais, de peur que la hauteur et la rapidité de leur course ne leur donne des étourdissements, il est nécessaire qu'ils aient les yeux bandés jusqu'à ce que Chevillard hennisse : ce sera le signe que le voyage est achevé.

Cela dit, les sauvages se retirent en gambadant par où ils étaient venus.

Don Quichotte, plein d'impatience, veut s'élancer sur Chevillard. Il ordonne à Sancho de le suivre :

— Nenni, s'il vous plaît, répondit l'écuyer ; la monture ne me va pas. Saint Pierre est bien à Rome, moi, je me trouve bien ici, j'y reste. D'ailleurs, je suis maintenant gouverneur d'une île, je me dois à mon peuple, et ne puis m'exposer.

Le duc intervint alors, et lui représenta qu'il prendrait tout aussi bien possession de son île après qu'avant cette expédition. Il l'engagea à se montrer digne du gouvernement qui l'attendait au retour, en un mot, il fit si bien, que Sancho, ne pouvant plus résister à ses instances, s'écria qu'il était prêt à partir. Cette résolution ne fut pas plus tôt prise, que don Quichotte, tirant un mouchoir de sa poche, pria la Doloride de lui bander les yeux. Cela fait, il monta sur Chevillard, où ses longues jambes, n'ayant point d'étriers et pendantes, lui donnaient l'air de ces grandes figures que l'on voit dans les tapisseries. Sancho ne se pressait pas de le suivre, et demandait un coussin; mais le coussin fut refusé, et Sancho, les yeux bandés, se plaça enfin sur cette croupe dure, en suppliant toute la compagnie de dire pour lui quelques *Ave Maria*.

Tout étant prêt, la Doloride et ses femmes, avec tous les spectateurs de cette scène, se mettent à crier ensemble :

« Dieu te conduise, valeureux chevalier !

Dieu te conserve, écuyer intrépide ! Vous fendez les airs avec une vitesse qui ne permet pas à nos yeux de vous suivre. Tiens-toi ferme, brave Sancho ; si tu tombais, ta chute serait plus lourde que celle de ce jeune étourdi qui se mêla de vouloir mener les chevaux du soleil. »

Sancho écoutait et serrait son maître de toutes ses forces.

— Tu m'étouffes, disait don Quichotte ; pour Dieu, laisse-moi respirer ! Défais-toi de ces vaines frayeurs. Jamais je n'ai monté un coursier dont l'allure fût si douce ; nous avons déjà fait plus de mille lieues, et il semble que nous n'ayons pas changé de place ; aussi pouvons-nous dire que nous avons le vent en poupe.

— Nous l'avons, parbleu bien, sans figure de rhétorique ! répondit Sancho, car je sens de ce côté une bise gaillarde qui souffle à merveille.

Sancho ne se trompait point ; l'intendant du duc avait disposé plusieurs hommes avec de grands soufflets pour donner du vent à nos deux héros.

— Sans doute, reprit don Quichotte aussitôt qu'il eut senti le vent, nous sommes déjà au-dessus de la moyenne région de l'air, où se forment la pluie, la grêle, les vents et le tonnerre; si nous allons toujours de ce train, nous serons bientôt à la région du feu. Je ne sais comment tourner cette cheville pour modérer l'ardeur de Chevillard.

A l'instant même les soufflets furent remplacés par des étoupes enflammées dont on environna les voyageurs.

— Que je sois pendu! s'écria Sancho, qui sentit la chaleur, si nous ne sommes déjà où vous dites, où pour le moins bien près. J'ai déjà la barbe demi-grillée. Je m'en vais ôter mon bandeau.

— Donne-t-en bien garde, dit don Quichotte, cette désobéissance nous attirerait quelque malheur. Aussi bien sommes-nous peut-être sur le point d'arriver à Candaya,

Les soufflets furent remplacés par des étoupes enflammées dont on environna les voyageurs.

où nous allons fondre comme le faucon sur sa proie.

—Dieu vous entende! monsieur; mais il est temps que nous arrivions, cette manière de voyager me fatigue. Chienne de croupe! est-elle dure!

Le duc, la duchesse et leur compagnie ne perdaient rien de ce beau dialogue et riaient comme des fous, s'empêchant toutefois d'éclater, de peur de gâter le mystère. Pour achever dignement une aventure si heureusement commencée, ils firent mettre le feu sous la queue du cheval, et Chevillard, qui avait l'estomac plein de fusées et de grands pétards, s'enleva dans l'air avec fracas et retomba avec don Quichotte et Sancho.

Pendant ce temps, la Doloride et les duègnes barbues avaient quitté le jardin, et le duc, la duchesse, leurs gens, s'étaient étendus sur le gazon comme ensevelis dans un profond sommeil.

Don Quichotte et son écuyer se relèvent

tout étourdis de leur chute, ôtent leurs bandeaux, et, tout surpris de se retrouver dans le même lieu, ils distinguent bientôt une lance fichée en terre, à laquelle pendait un parchemin sur lequel on lisait ces mots tracés en grosses lettres :

« L'incomparable don Quichotte de la
« Manche a terminé la grande aventure de
« la princesse Trifaldi, surnommée la Do-
« loride. Il lui a suffi d'oser l'entreprendre.
« Malambrun est satisfait : le menton de la
« princesse et des duègnes n'a plus de
« barbe ; la Doloride et don Clavijo sont
« rétablis sur leur trône. Gloire au cheva-
« lier des Lions ! »

Don Quichotte, transporté de joie, se hâta d'aller vers le duc qui paraissait, ainsi que les autres, privé de l'usage de ses sens.

— Seigneur, lui dit notre héros, revenez à vous ; tout est terminé. Vous en verrez la preuve dans l'écriteau suspendu à cette lance.

Le duc, la duchesse et leur suite, faisant

semblant de sortir d'un long évanouissement, racontèrent avec effroi qu'à l'instant où Chevillard en feu était redescendu dans le jardin, la Doloride et ses compagnes, dépouillées de leurs barbes, avaient disparu tout à coup. Ils félicitèrent ensuite don Quichotte, en exaltant son courage.

La duchesse questionna Sancho sur les périls qu'il avait courus.

L'écuyer, tout fier des éloges qu'on lui prodiguait, répondit :

— J'ai beaucoup souffert, illustre dame, en passant par la région du feu; j'ai même, sans le dire à mon maître, relevé tant soit peu le mouchoir qui me couvrait les yeux, et alors j'ai découvert la terre au-dessous de moi aussi petite qu'un grain de moutarde.

Comme on parut surpris de cette assertion, il ajouta pour la confirmer :

— Les hommes, que je distinguais fort bien, n'étaient pas plus gros que des noisettes.

Il dit encore, car il était en train de raconter, une foule d'autres détails sur les merveilles qu'il avait vues, et lorsque don Quichotte, étonné, voulut lui faire quelques objections, l'écuyer voyageur, s'approchant de son maître, lui glissa à l'oreille :

— Monsieur, je n'ai pas douté de ce que vous avez vu dans la caverne de Montesinos; ayez la bonté de croire de même ce que j'ai vu dans le ciel. Je n'en dis pas davantage.

## CHAPITRE XVI.

Conseils de don Quichotte à Sancho sur le gouvernement de son île. — Réception de Sancho Pança dans sa capitale. — De ce qu'il lui advint dans l'île de Barataria.

Le duc et la duchesse, voulant mettre à profit la rare crédulité de leurs hôtes, ne pensèrent plus qu'à inventer de nouveaux sujets de se divertir. Ils donnèrent en conséquence des ordres pour que Sancho prît possession du gouvernement promis. Dès le lendemain donc du voyage aérien, le duc vint dire à notre écuyer de se tenir prêt à partir pour son île. Don Quichotte arriva dans ce moment, et, voulant donner à Sancho quelques conseils sur sa conduite future, il demanda la permission au duc de l'emmener dans sa chambre. Là, quand il eut fermé la porte, et forcé l'écuyer de s'asseoir à ses côtés, il lui adressa ces paroles d'un air grave :

— Je rends grâce au ciel, ami Sancho, de te voir déjà comblé des faveurs de la fortune avant d'avoir rien fait, sans fatigue, sans qu'il t'en ait rien coûté ; te voilà gouverneur d'une île seulement, parce que tu as quelque odeur de la chevalerie errante, et que tu en suis de loin les traces. Reconnais donc l'excellence de cette noble profession, et prête une oreille attentive aux nouveaux conseils que tu vas recevoir de moi : eux seuls peuvent te préserver de cette foule d'écueils dont l'homme est environné sur la mer orageuse des grandeurs :

— Premièrement, ô mon fils! crains Dieu : la crainte de Dieu est le commencement de la sagesse.

Observe-toi sévèrement, et tâche de parvenir à te connaître toi-même.

Ne crains point d'avouer l'obscurité de ton origine; l'orgueil, presque toujours, suit le vice; l'humilité pare la vertu.

Garde-toi de porter envie aux princes et aux grands plus nobles que toi; songe que l'on hérite de la noblesse, et que l'on acquiert la vertu. Juge laquelle vaut le mieux.

Si, lorsque tu seras dans ton île, quelqu'un de tes parents vient te voir, ne le méprise ni ne le rebute; mais fais-lui le même accueil que tu lui aurais fait dans ta chaumière.

Ne te crois jamais assez de génie pour interpréter à ton gré les lois, et gouverner selon ta fantaisie : ce crime est un des plus grands que puisse commettre l'orgueil.

Sois sourd aux promesses du riche ; sois touché des larmes du pauvre : mais, quoique inflexible pour l'un, et compatissant pour l'autre, sois également juste pour tous deux. N'écoute en toutes circonstances que la voix de la vérité.

Quand la clémence pourra s'accorder avec l'équité, ne crains pas d'être clément.

Ne te laisse jamais corrompre par les présents.

Si ton ennemi plaide devant toi, ne te souviens que de sa cause.

N'adresse jamais de parole dure, même au coupable condamné : son supplice expie sa faute ; il ne lui reste que son malheur, que tu ne dois pas insulter.

Sois indulgent toutes les fois que l'indulgence ne nuit à personne, et rappelle-toi que, pour louer Dieu, nous l'avons appelé *bon*.

Je dois à présent, mon ami, te parler de quelques détails qui concernent ton intérieur :

Sois propre sur ta personne, sans jamais être recherché.

Fuis l'avarice, aime l'économie, compte avec toi-même souvent.

Marche gravement, et parle posément, mais non pas de sorte qu'il semble que tu t'écoutes toi-même; car l'affectation est désagréable en tout.

Sois sobre dans tes repas, et prends garde de ne point t'enivrer. Sois modéré dans ton sommeil; la diligence est mère des succès; la paresse est mère des vices.

Corrige-toi de ton habitude de mêler à tes discours cette foule de proverbes, que tu débites à tort et à travers. Pour qu'un proverbe soit bon, il ne faut pas qu'il arrive, comme tu le fais, à la suite d'une enfilade de cent autres; en les accumulant ainsi, tu leur ôtes tout leur mérite.

— Pour ce dernier article, interrompit l'écuyer, le bon Dieu seul peut y mettre ordre. J'ai la tête meublée de proverbes. Aussitôt que je veux parler, ils se pressent tous sur mes lèvres. Cependant, je vous promets d'y prendre garde. Un bon averti en vaut deux; il y a remède à tout, fors à la mort; tant vaut l'homme, tant vaut la terre; d'ailleurs, il n'est rien de tel que d'être le maître; quand Dieu veut du bien à un homme, il y paraît à sa maison; les sottises que dit le riche passent dans le monde pour des sentences; quand on commande et qu'on tient le bâton, il est aisé de faire ce qu'on veut; on n'a qu'à se frotter à moi, l'on y laissera sa laine; il ne faut qu'avoir du miel, les mouches viennent bientôt; faites-vous bête, disait ma grand'-mère, et le loup vous mangera; chat échaudé....

— Maudit sois-tu de Dieu et de ses saints, maroufle! s'écria don Quichotte, et que mille démons puissent t'emporter, toi et tes proverbes! Depuis que je t'ai recommandé de ne plus en dire, tu en inventes, je crois. Je ne sais qui me tient que je n'aille tout à l'heure avertir le duc de l'imprudence qu'il commet, en confiant un gouvernement à un mauvais bouffon comme toi.

— Monsieur, ne vous fâchez pas, reprit Sancho, et n'oubliez pas que c'est vous qui m'avez mis en tête cette île, à laquelle je ne songeais pas. Si vous ne me croyez pas capable de rendre mes sujets heureux, je suis le premier à n'en plus vouloir : toutes les grandeurs du monde ne me consoleront pas de mal faire. J'aime mieux être Sancho tout court, mangeant du pain et des oignons, que Sancho mauvais gouverneur, nourri de chapons et de coqs d'Inde.

— Voilà, Sancho, qui nous réconcilie. Tes dernières paroles méritent seules le gouvernement de cent îles. Tu seras gouverneur, ami, car tu as un bon cœur, sans quoi il n'y a science qui profite. Allons! suis-moi, car je crois que l'on m'attend pour dîner.

L'intendant, qui s'était si bien acquitté

du rôle de la princesse Trifaldi, reçut ordre le même soir de conduire le nouveau gouverneur dans le bourg qu'on appelait son île. Il se rendit en cérémonie auprès de notre écuyer, qu'on avait déjà revêtu d'une espèce de simarre et d'un manteau mordoré, avec la toque pareille. Sancho, dans cet équipage, accompagné d'une suite nombreuse, alla prendre congé du duc et de la duchesse, dont il baisa la main; ensuite, le cœur gros, les larmes dans les yeux, il vint embrasser les genoux de son maître, qui lui donna sa bénédiction. Enfin le bon écuyer se mit en route, monté sur un beau mulet, et suivi de son âne, magnifiquement caparaçonné et paré d'un superbe harnais. Sancho retournait souvent la tête pour le considérer avec complaisance, et, presque aussi reconnaissant des honneurs rendus à son grison que de ceux rendus à lui-même, il n'aurait pas échangé sa fortune contre l'empire d'Allemagne.

Un bourg peuplé d'environ mille habitans, qui appartenait au duc, composait le puissant état où Sancho devait donner des lois. On lui dit que ce bourg s'appelait l'île de Barataria.

Aux portes de la capitale il trouva les principaux du peuple qui venaient au devant de lui, au son des cloches et aux acclamations des habitants. On le porta en triomphe à l'église de la paroisse où l'on chanta un *Te Deum;* après quoi, les clefs de la ville lui furent remises, et des crieurs publics le proclamèrent gouverneur perpétuel de l'île de Barataria. Le bon Sancho reçut tous ces honneurs d'un air grave, sans paraître trop surpris: mais ceux des habitants qu'on n'avait pas mis dans le secret ne laissaient pas que d'être étonnés de la mine, de la barbe épaisse, de la taille courte et ronde et de l'équipage du nouveau gouverneur. Au sortir de l'église, Sancho conduit à la salle de justice fut installé comme juge souverain. L'intendant du duc lui dit:—Monseigneur, c'est ici une coutume ancienne et respectée que le gouverneur qui vient prendre possession de l'île commence par juger deux ou trois causes un peu difficiles, afin que, selon sa décision, son peuple voie s'il a lieu de se réjouir ou de s'affliger de sa venue.

— Soit, répondit Sancho: que l'on me donne à juger les causes que l'on voudra, je ferai de mon mieux pour qu'on soit content.

Au même instant entrèrent deux hommes, dont l'un était vêtu en paysan, et dont l'autre portait à la main de grands ciseaux.

— Seigneur gouverneur, dit celui-ci, je suis tailleur de mon métier; ce bonhomme est venu hier me trouver à ma boutique et me montrant un morceau de drap: Pourriez-vous, m'a-t-il dit, me faire une capote avec cette étoffe?

— Oui, lui répondis-je sur-le-champ.

Surpris de ce que je n'hésitais pas, et croyant sans doute que je voulais lui voler de son drap, il reprit:

— Ne pourriez-vous point en faire deux ?

J'ai deviné ses soupçons, et je lui dis que oui. Alors il m'en a demandé trois; et augmentant toujours le nombre à mesure que je promettais de le satisfaire, nous avons fini par convenir que je lui livrerais cinq capotes. Maintenant que la besogne est faite, et que je réclame la façon, non-seulement il refuse, mais il me demande que je lui paie son drap ou que je le lui rende.

— Tout cela est-il ainsi, bonhomme? demanda Sancho.

— Oui monseigneur, répondit le paysan; mais ordonnez, je vous prie, qu'il vous montre les capuchons.

— Très volontiers, s'écria le tailleur, en tirant sa main de dessous son manteau, et faisant voir au bout de ses cinq doigts, cinq petits capuchons.

— Voici les capotes, ajouta-t-il, et je jure sur ma conscience que j'y ai employé toute l'étoffe; qu'on fasse voir le travail aux experts!

Tout le monde se prit à rire. Pour Sancho il réfléchit quelque temps, puis il rendis cette sentence:

— J'ordonne que le paysan perdra son drap, le tailleur sa façon, et que les capuchons seront livrés aux prisonniers. Et qu'on ne me réplique pas davantage!

Tous les assistants rirent de la sentence et elle fut exécutée.

Deux vieillards se présentèrent ensuite:

— Seigneur, dit l'un d'eux, j'ai prêté dix écus d'or à cet homme, à la condition qu'il me les paierait à la première réquisition. J'ai laissé passer plusieurs jours sans les lui réclamer; mais enfin je l'ai prié de me rendre mon or. Quelle a été ma surprise, lorsque pour toute réponse il m'a dit me l'avoir rendu. Je n'ai ni billet, ni témoins. Je demande à votre seigneurie de déférer le serment à mon débiteur: je l'ai toujours connu pour un honnête homme, je ne puis croire qu'il voulût jurer à faux.

— Qu'avez-vous à dire? demanda Sancho à l'autre vieillard, qui écoutait en silence, appuyé sur un gros bâton.

— Je suis prêt, répondit-il, à jurer que j'ai remis à cet homme les dix écus d'or qu'il m'a prêtés.

Sancho baisse sa baguette, et le vieillard, donnant son bâton à tenir à son créancier, étend sa main sur la croix de la baguette, et fait serment qu'il a rendu la somme qu'on lui demandait; ensuite il reprend sa canne et regarde tout le monde d'un air rassuré.

Le premier vieillard, étonné, considère quelques instants celui qui venait de jurer, avec plus de pitié que de colère, et, sans rien dire, il allait sortir, lorsque Sancho le rappela.

Sancho qui n'avait pas perdu un seul de leurs mouvements, comparait, en se mordant le bout des doigts, les visages des deux plaideurs, et distinguait fort bien sur l'un le caractère de la probité.

— Tout n'est pas fini, dit-il : vieillard qui jurez si facilement, donnez-moi votre canne. — Prenez-la, continua-t-il, vous qui demandez ce qui vous est dû ; et maintenant, allez-vous-en, vous êtes payé.

— Qui? moi, monseigneur, répondit le pauvre homme, est-ce que cette canne vaut dix écus d'or ?

— Oui, oui, répliqua Sancho ; et pour vous en convaincre, qu'on rompe ce bâton à l'instant.

Il est obéi ; et les dix écus d'or sortent du milieu de la canne. Toute l'assemblée applaudit ; et il n'y eut pas un des habitants de l'île qui ne crût que le nouveau gouverneur ne fût doué de la sagesse de Salomon. L'admiration était à son comble, et celui qui avait l'ordre secret de tenir un registre exact des actions de notre écuyer ne manqua pas d'envoyer au duc tous les détails de cette aventure.

De la salle de justice Sancho fut conduit en grande pompe au palais qui devait lui servir de demeure. Là, dans une vaste salle, était dressée une table couverte d'excellents mets. Sitôt qu'il parut, des hautbois et une quantité d'autres instruments sonnèrent des airs de réjouissance; et quatre pages vinrent présenter une aiguière au gouverneur, qui se lava gravement les mains. La musique cessa, et Sancho vint s'asseoir à table, où son couvert était seul. A ses côtés se plaça debout un personnage vêtu de noir, et portant une longue baguette à la main. Le maître d'hôtel approcha les meilleurs plats.

Notre gouverneur, qui mourait de faim, se hâta de remplir son assiette; mais à peine il portait à sa bouche le premier morceau, que le grand personnage noir baissa sa baguette, et sur-le-champ l'assiette et le plat furent enlevés. Le diligent maître d'hôtel vient présenter un autre plat: même cérémonie. Sancho, fort étonné, demande

A peine il portait à sa bouche le premier morceau, que le grand personnage noir baissa sa baguette.

ce que cela signifie, et si l'habitude dans cette île est de ne dîner qu'avec les yeux.

— Monseigneur, répond le grand personnage, j'ai l'honneur d'être le médecin des gouverneurs de cette île; cette place, qui me fait jouir de gros appointements, me prescrit le soin d'étudier le tempérament et la complexion de votre seigneurie, afin de lui faire éviter tout ce qui pourrait être nuisible à sa précieuse santé. Pour cela j'assiste toujours à ses repas, et je ne lui laisse manger que les choses qui lui conviennent. Le premier dont votre grandeur a goûté était un aliment froid que votre estomac aurait eu peine à digérer; le second, au contraire, était chaud, provoquant à la soif, risquant d'enflammer les entrailles et d'absorber l'humidité radicale qui est le principe de la vie : ce que votre excellence doit manger, pour l'heure, c'est un peu de conserve de coing; et si elle se sent une grande faim, elle peut y joindre un ou deux biscuits.

A ces mots Sancho se renverse sur le dossier de son fauteuil, et toisant le médecin depuis les pieds jusqu'à la tête :

— Monsieur le docteur, dit-il, comment vous nommez-vous, s'il vous plaît?

— Je m'appelle, répondit-il, le docteur Pedro Rezio de Aguero; je suis né dans le village de Tirteafuera, qui est situé entre Caraquel et Almodovar del Campo, en tirant sur la droite; et j'ai pris le bonnet de docteur dans l'université d'Ossonne.

— J'en suis fort aise, dit Sancho en roulant des yeux pleins de colère. Eh bien! monsieur le docteur Pedro Rezio de Mal Aguero, natif de Tirteafuera, entre Caraquel et Almodovar del Campo, qui avez pris votre bonnet à Ossonne, videz-moi la place tout à l'heure, sinon je prends Dieu à témoin que je vous fais pendre. Sortez, bourreau, vous dis-je, et qu'on me donne à manger; je l'ai bien gagné ce matin.

Le docteur, tout tremblant, voulut effectivement gagner la porte, lorsqu'on entendit la trompette d'un courrier. Le maître d'hôtel, regardant par la fenêtre, s'écria :

— Voici sûrement des nouvelles importantes, car c'est un message de monsieur le duc.

Le courrier, couvert de poussière, vint présenter un paquet à Sancho, qui le remit à l'intendant et s'en fit lire l'adresse; elle portait : « A don Sancho Pança, gouverneur de l'île Barataria, pour être remise en mains propres, ou dans celles de son secrétaire. »

— Qui est mon secrétaire? demanda Sancho.

— C'est moi, monseigneur, répondit un jeune homme avec un accent biscaïen très prononcé.

— Ah! ah! c'est la première fois qu'on a pris des secrétaires dans votre pays. Lisez.

Tout le monde sortit, et le secrétaire, ayant brisé le cachet, lut ce qui suit :

« Je viens d'être averti, seigneur don Sancho, que mes ennemis et les vôtres doivent aller vous attaquer pendant la nuit. Tenez-vous sur vos gardes. Je sais de plus, par des espions sûrs, que quatre assassins déguisés sont entrés dans votre ville pour vous poignarder. Examinez avec soin tous ceux qui vous approcheront, et surtout ne mangez rien de ce qu'on vous servira. J'aurai soin de vous envoyer du secours, s'il est nécessaire. Adieu, j'espère tout de votre valeur et de votre prudence.

« *Votre ami,* LE DUC. »

— Monsieur l'intendant, dit Sancho, la première chose que nous ayons à faire, c'est de descendre dans un cul de basse-fosse le docteur Rezio; car, si quelqu'un en veut à mes jours, ce ne peut être que lui, qui voulait me faire mourir de faim.

— Seigneur, répondit l'intendant, j'ose supplier votre seigneurie de ne toucher à aucun des mets qui sont sur sa table, car je ne puis répondre des personnes qui les ont apprêtés.

— Soit, répliqua Sancho; mais alors qu'on me donne un morceau de pain bis avec quelques livres de raisin; ce serait bien le diable si on les avait empoisonnés. De façon ou d'autre il faut que je mange, surtout à la veille d'une bataille; car c'est la panse qui soutient le cœur, et non pas le cœur la panse. Vous, secrétaire, répondez à monseigneur le duc qu'on fera tout ce qu'il recommande, et que je suis son très-humble serviteur, ainsi que celui de madame la duchesse. N'oubliez pas non plus de mettre quelque chose pour monseigneur don Quichotte, afin qu'il voie que je ne suis pas un ingrat, et arrangez le tout d'un bon style, comme un Biscaïen que vous êtes. Allons! ajouta-t-il, qu'on enlève ces viandes et qu'on m'apporte mes raisins; et on verra ensuite si je me soucie d'espions, ni d'enchanteurs, ni d'assassins.

Dans ce moment un page vint dire qu'un

laboureur demandait à être introduit pour une affaire pressante.

— Courage ! s'écria Sancho, je n'aurai pas le loisir de manger même du pain ! Ah ! pour peu que ceci dure, j'enverrai bientôt promener mon gouvernement. Qu'il entre pourtant, ce maudit paysan.

Sur ce, le laboureur fut introduit. Il demanda d'abord lequel de ces messieurs était monsieur le gouverneur. L'intendant lui montra Sancho, devant lequel il se mit à genoux, en le priant de lui donner sa main à baiser. Sancho ne le voulut point, lui commanda de se lever et de dire promptement son affaire.

— Monseigneur, dit le paysan, je suis laboureur, natif de Miguel-Turra, village à deux lieues de Ciudad-Real.

— Voici un autre Tirtea fuera ! répliqua Sancho. Allons ! je sais ce que c'est que Miguel-Turra, continuez et abrégeons.

— Il faut donc que votre seigneurie sache que j'ai deux enfants au collége, dont le cadet étudie pour être bachelier, et l'autre pour être licencié. Or, mon fils le bachelier voudrait épouser une fille de notre village, qui s'appelle Claire Perlerine, fille d'André Perlerin, lequel avait pour père Thomas Perlerin, dont...

— Mort de ma vie! interrompit Sancho, j'en ai assez de vos Perlerins et de vos Perlerines. Au fait! au fait!

— Le fait? le voilà! André Perlerin qui est riche ne veut pas donner sa fille à mon garçon qui est pauvre. Je viens donc vous prier de me donner une lettre pour ce père, dans laquelle vous lui ordonnerez de marier sa fille à mon fils.

— Est-ce là tout? mon frère.

— Ah! monseigneur! si j'osais je vous demanderais encore une petite grâce...

— Osez, parlez, ne vous gênez pas.

— Eh bien! monseigneur, je voudrais bien qu'en faveur de ce mariage vous eussiez la bonté de donner à mon fils cinq ou six cents ducats, comme présent de noces ; cela l'aiderait à se mettre en ménage.

— Vous n'avez plus rien à me demander, mon ami? qu'une mauvaise honte ne vous retienne pas.

— Vous êtes bien bon, monseigneur, en vérité, c'est tout.

A ces paroles, Sancho se relève, saisit la chaise sur laquelle il était assis, et courant au laboureur, qui se hâta de s'enfuir :

— Misérable! s'écria-t-il, il faut que je te casse la tête tout à l'heure, pour t'apprendre à venir me demander six cents ducats! Six cents ducats! et où les prendrais-je? Six cents ducats! Oui, sans doute, si je les avais, je ne manquerais pas de les envoyer à Miguel-Turra pour la famille des Perlerins et des Perlerines, et ton auguste fils, monsieur le bachelier ou le licencié! Ah ça! mon île est donc le rendez-vous des fous de tous les pays. Qu'on ne laisse plus entrer qui que ce soit, au moins jusqu'à ce que j'aie fini mon pain.

## CHAPITRE XVII.

Don Quichotte sauve la vie à la duchesse.

Tandis que Sancho Pança commençait à s'apercevoir des inconvénients de la grandeur, don Quichotte ne pouvait se consoler du départ de son fidèle écuyer. Une profonde mélancolie s'empara de son cœur. En vain les fêtes se succédaient au château...

— Sancho Pança! s'écriait-il, de temps en temps, en poussant de profonds soupirs, Sancho Pança, quand reviendras-tu ?

Cependant le duc résolut d'aller rendre *incognito* une visite au gouverneur de l'île Barataria. Il partit donc un beau matin, sans en prévenir personne que la duchesse. Une demi-heure à peine s'était écoulée depuis qu'il s'était éloigné du château, que celle-ci reçut communication d'une nouvelle de la dernière importance, et dont il était urgent que son époux fût instruit immédiatement. Elle fit donc aussitôt atteler les chevaux à son carrosse, et se mit en route pour le rejoindre avec son train ordinaire, qui se composait d'un écuyer, d'un cocher, d'un postillon et de quatre valets de pied derrière sa voiture. A peine le cortége était-il engagé dans une forêt distante de trois quarts de lieues à-peu-près, du château, que six bandits s'élancèrent vers le carrosse, sur lequel ils lâchèrent quatre coups de mousquet qui tuèrent l'écuyer et le cocher, cassèrent une jambe à un valet de pied, et firent tomber la duchesse évanouie. Heureusement pour elle don Quichotte, monté sur Rossinante, était venu promener sa rêverie à l'entrée de la forêt de ce côté-là. Il vit distinctement ce que ces misérables faisaient.

Dans la croyance où ils étaient d'avoir tué la duchesse, ils ne songeaient plus qu'à se sauver; et, à cet effet, ils dételaient les chevaux du carrosse afin de s'en servir. Le postillon et les trois valets de pied, restés seuls sains et saufs, fuyaient à travers champ en criant de toute leur force. Notre héros coupa le chemin à l'un des fuyards, et, ayant appris qu'on venait d'assassiner la duchesse, il tomba comme la foudre sur les bandits, qui n'avaient pas encore eu le temps de monter à cheval. Deux de ces scélérats, dont les mousquets étaient chargés, l'attendirent de pied ferme, et, sitôt qu'il fut à portée, ils les tirèrent. Leur crime leur ôtant l'assurance, la main leur trembla, et leurs coups portèrent en glissant sur sa cuirasse. Il ne fut donc point blessé; toutefois la commotion lui fit perdre la respiration, et il s'affaissa sur Rossinante. Les brigands le crurent mort; ils s'amusèrent à recharger leurs mousquets, ce qui donna le temps à don Quichotte de revenir à lui, et à la duchesse celui de recouvrer assez ses sens pour s'apercevoir qu'on était venu à son secours.

Notre héros reprit sa fureur en même temps que sa connaissance, et s'élança de nouveau sur les bandits, qui, surpris de se voir sur les bras un homme qu'ils considéraient comme mort, se défendirent avec tout le désespoir de gens qui n'attendaient que la roue, tandis que don Quichotte les attaquait avec toute la témérité d'un chevalier errant. Bientôt deux de ces misérables furent mis hors de combat. Tout cela se passait à la tête des chevaux du carrosse et devant les yeux de la duchesse, qui reconnut son vaillant défenseur. Elle fut remarquée par un des brigands, qui, poussé par sa rage, vint à elle, et l'aurait tuée si don Quichotte ne se fût aperçu de son dessein. Au moment où il allait porter un coup d'épée à cette dame, notre héros le renverse d'un coup de lance, et lui fait passer Rossinante sur le corps, de sorte que la duchesse en fut quitte pour la peur et une légère égratignure à la main.

En ce moment on vit arriver à toute bride un cavalier qui, mettant l'épée à la main, vint se ranger aux côtés du valeureux don Quichotte. En vain les assassins leur opposèrent une résistance désespérée, pas un ne s'échappa ; tous payèrent de leur vie leur criminelle entreprise.

— Puissent être ainsi toujours déjoués tes sinistres projets ! traître Freston, perfide enchanteur ! s'écria le valeureux don Quichotte de la Manche ; car, n'en doutez point, ô madame ! ajouta-t-il en s'adressant à la duchesse, ces misérables n'étaient que les satellites de ce magicien maudit, qui est mon implacable ennemi, et qui, sans aucun doute, ne vous a tendu cette embûche que pour vous punir du courtois et généreux accueil que vous avez fait au chevalier des Lions !

Pour cette fois le duc et la duchesse ne songèrent point, comme on le pense bien, à se divertir aux dépens de notre héros; tout entiers à leur reconnaissance, ils ne firent entendre que des remerciements qui partaient du cœur.

— Noble dame, répondit le héros, je me proclame ici le plus heureux de tous les chevaliers errants, puisque j'ai pu vous retirer des mains de lâches ravisseurs, et je remercie la fortune de m'avoir fourni l'occasion de vous rendre ce service.

Il entretint ensuite le duc et la duchesse, tandis que les gens de la duchesse, qui, une fois le danger passé, étaient revenus sur le champ de bataille, raccommodaient le carrosse. Notre héros parla avec tant de courtoisie et de sagesse, qu'ils ne savaient que juger d'un homme, qui, en réalité, était fou, et qui, pourtant, parlait de si bon sens, et se battait avec tant d'habileté et de bravoure.

Le duc dit alors que son attention ayant été attirée par le bruit de la mousqueterie, il avait rabattu sur ses pas pour voir ce que c'était :

— Qu'on juge de ma surprise, ajouta-t-il, lorsque j'ai vu le seigneur don Quichotte aux prises avec ces bandits, et de ma frayeur quand j'ai aperçu la duchesse dans ce carrosse, autour duquel gisaient plusieurs hommes tués ou blessés !

La voiture étant remise en état, le duc et la duchesse montèrent dedans. Don Quichotte voulut les escorter sur son fidèle Rossinante, et tous ensemble furent bientôt de retour au château, où tout le monde était en émoi, la nouvelle de l'accident y étant déjà parvenue.

On pense bien qu'à la suite de cette aventure, le duc ne songea plus à la visite qu'il avait résolue de faire à Sancho dans l'île de Barataria.

## CHAPITRE XVIII.

Fin laborieuse du gouvernement de Sancho Pança. — Son départ de l'île de Barataria, et de ce qui lui arriva dans la route.

Nous avons laissé notre gouverneur fort en colère contre le narquois paysan, et surtout fort dégoûté du gouvernement, par le jeûne austère qu'on lui faisait observer. L'intendant, pour lui rendre un peu de courage, vint lui dire qu'avec la permission et en présence du docteur Pedro Rezio, il avait pris soin lui-même de préparer un bon souper, dont sa seigneurie pouvait manger sans aucune crainte.

— Où est le docteur Pedro Rezio de Aguero, natif de Tirteafuera, que je l'embrasse, s'écria le bon Sancho. Allons! je vois bien qu'il n'est pas encore aussi noir qu'il le paraît.

Et, se mettant à table, il reprit bientôt toute sa belle humeur.

— Je ne demande pas mieux, disait-il en faisant disparaître les plats, je ne demande pas mieux que de travailler, pourvu que l'on ait soin de moi et de mon grison. Je gouvernerai cette île en conscience, je me lèverai matin, je ferai tout ce qu'il faudra pour que l'on soit heureux et content, mais il est juste que je le sois aussi. Pour que tout aille bien, il faut que chacun ait l'œil alerte et marche droit en besogne, autrement, le diable est aux vaches. Après cela, que l'on contrôle mes actions; je permets très-fort que l'on m'examine. L'homme qu'on regarde en vaut mieux : le diable n'ose se montrer le jour, et si l'abeille vivait seule, elle ne ferait pas tant de miel.

Quand il eut soupé, l'intendant, qui ne le quittait pas, lui proposa de venir faire la ronde dans les différents quartiers de son île.

— Volontiers, répondit Sancho.

— Je vous avertis d'abord que mon intention est de purger cette île des vagabonds et des fainéants, de tous ceux qui ne veulent ou ne savent pas gagner le pain qu'ils mangent, et qui s'introduisent dans les états policés comme les frelons dans les ruches. Point d'oisifs dans mon gouvernement, c'est le moyen qu'il n'y ait point de vices. Je protégerai les laboureurs, je ferai respecter la religion, j'honorerai les bonnes mœurs, et je serai sans pitié pour les fripons. Est-ce bien parlé, mes amis?

— Si bien, répondit l'intendant, que nous ne pouvons que vous admirer, et cette admiration sera partagée par les personnes qui vous ont envoyé dans cette île, sans connaître peut-être elles-mêmes le prix du présent qu'elles nous ont fait. Mais il est temps que votre seigneurie commence la ronde.

Sancho sortit aussitôt, sa baguette de juge à la main, suivi de son secrétaire, de l'intendant, de l'historiographe, qui tenait registre de ses actions, et d'une troupe d'archers. Ils n'avaient pas encore visité deux rues, qu'ils entendirent un cliquetis d'épées. La garde courut au bruit, et ramena deux hommes qu'on avait surpris se battant.

— Seigneur, dit l'un en s'adressant au gouverneur, votre excellence saura que ce gentilhomme sort d'une maison de jeu où il vient de gagner plus de mille réaux; j'en ai été témoin, Dieu sait combien j'ai jugé de coups en sa faveur et contre ma conscience! Lorsqu'il a été dans la rue, je suis venu loyalement lui demander une marque de sa reconnaissance. Le ladre n'a jamais voulu me donner plus de quatre réaux; il n'ignore pourtant pas que je n'ai pas d'autre bien et d'autre métier que de passer ma vie dans les maisons de jeu pour juger les coups difficiles. Indigné d'un procédé si offensant, j'ai mis l'épée à la main pour lui donner une leçon de politesse et de probité.

— Qu'avez-vous à répondre? demanda Sancho à l'adversaire.

— Rien, répondit-il, si ce n'est que ce que j'ai gagné l'a été légitimement, que je n'avais nul besoin des décisions de cet homme, et, la preuve la plus certaine, c'est que je n'ai voulu et ne veux lui donner que quatre réaux.

— Vous lui en donnerez cent tout à l'heure, interrompit Sancho; mais il n'en profitera guère, car je les confisque pour les pauvres; vous paierez ensuite une amende de deux cents autres réaux, qui seront pour les prisonniers. Après quoi vous et cet homme d'honneur, qui n'a d'autre métier que celui de décider les coups de jeu, vous serez conduits hors de mon île; et si vous avez l'audace d'y remettre les pieds, je vous ferai jouer ensemble une petite partie de brelan à une potence de huit pieds de haut. Vous entendez? tout est dit, et qu'on exécute ma sentence.

A l'instant même, une autre patrouille amenait un jeune garçon qui s'était enfui dès qu'il avait aperçu la garde, et lui avait donné beaucoup de peine avant de se laisser attraper.

— Pourquoi fuyiez-vous? demanda Sancho.

— Pour n'être pas pris.

— Je le crois; mais où alliez-vous à l'heure qu'il est ?

— Toujours devant moi, monseigneur.

— C'est répondre fort juste; mais quel était votre but ?

— De prendre l'air.

— Encore mieux. Mais où vouliez-vous prendre l'air ?

— Là où il souffle.

— Parfaitement bien, monsieur le plaisant. Mais imaginez-vous que c'est moi qui suis l'air, que je vous souffle en poupe, et que je vous chasse vers la prison. Holà! qu'on l'y mène tout à l'heure.

Nous passerons sous silence plusieurs autres rencontres que fit encore l'illustre écuyer de don Quichotte, rencontres où il ne fit pas moins briller sa sagacité que sa prudence et la rectitude de son jugement, pour arriver tout de suite à la catastrophe qui priva l'île de Barataria du meilleur, du plus clément et du plus juste gouverneur qu'elle ait jamais eu.

Il n'y a rien de stable en ce monde : le temps, qui jamais ne s'arrête, vole en détruisant sans cesse. Le jour succède à la nuit, et les ténèbres à la lumière : tout passe, tout se renouvelle, excepté la vie humaine, qui passe, hélas! sans se renouveler.

Sept jours s'étaient écoulés depuis que Sancho tenait les rênes de son empire, et, durant ce court espace de temps, il avait pourvu à tout par des lois et des ordonnandes si sages, qu'elles sont encore en vigueur dans le pays, où on les appelle :

LES CONSTITUTIONS DU GRAND
GOUVERNEUR SANCHO PANÇA.

Accablé de lassitude, rassasié, non pas de bonne chère, mais de procès, de règlements, etc., il profitait du calme de la nuit, pour prendre un instant de repos, quand tout à coup il fut réveillé en sursaut par un bruit épouvantable de clameurs et de cloches, qui lui fit croire que son île s'abîmait. Il lève la tête, s'assied sur son lit, écoute attentivement; le bruit redouble, et les trompettes, les tambours se mêlent aux cris perçants de terreur, aux coups redoublés du tocsin. Troublé, saisi de frayeur, il se jette à bas du lit et court en chemise à la porte de sa chambre. A l'instant même arrivent éperdus une vingtaine d'individus, avec des flambeaux, l'épée à la main, et criant :

— Aux armes! aux armes! monseigneur! armez-vous promptement! les ennemis sont dans l'île! tout est perdu; nous n'avons d'espoir qu'en votre vaillance.

— Aux armes! aux armes! reprit Sancho interdit; ce n'est point là mon affaire; ceci regarde mon maître don Quichotte; adressez-vous à lui. Je vous réponds qu'en un tour de main il vous aura fait place nette. Mais, quant à moi, je vous le répète, les batailles ne sont pas mon fort.

— Qu'osez-vous dire, seigneur? Vous êtes notre chef, notre gouverneur, c'est à vous de vous mettre à notre tête. Nous vous apportons des armes, hâtez-vous de les revêtir.

— Armez-moi donc, messieurs, puisque vous le voulez, répliqua Sancho en soupirant.

Aussitôt on lui applique sur sa chemise deux larges boucliers, l'un devant, l'autre derrière; on les attache ensemble avec des courroies, en laissant passer ses bras entre les vides des boucliers. Ainsi serré comme entre deux étaux, il reste sans pouvoir se remuer, ni seulement plier les genoux pour marcher; on lui met une lance à la main, sur laquelle il appuie le poids de son corps, et tous aussitôt se prennent à crier:

— En avant! en avant!

Sancho veut faire un pas; mais il perd

son à plomb et tombe par terre. Là il demeure comme la tortue ensevelie dans sa profonde écaille, ou comme un bateau échoué, engravé dans le sable. Sans pitié pour lui les mauvais plaisants qui l'entourent ne font pas semblant de l'avoir vu tomber. Ils éteignent les flambeaux, redoublent leurs cris, vont, viennent, courent, se précipitent les uns sur les autres, en faisant retentir le bruit des épées sur les casques et les écus. A chaque coup Sancho tremblant, suant à grosses gouttes, se ramassait, sous ses boucliers, et recommandait son âme à Dieu. Ce fut bien pis lorsqu'un des combattants s'avisant de monter debout sur le pauvre gouverneur, se mit à commander de là comme d'un poste élevé, en criant :

— Apportez des grenades, de la poix, de l'huile bouillante, fermez cette porte; barricadez les rues: courage, tout va bien!

— Ce n'est pas pour moi que tout va bien, disait en lui-même le pauvre Sancho, et plût à Dieu que l'île fût déjà prise, je le remercierais de bon cœur de m'en avoir débarrassé.

A l'instant même, il entend crier :

— Victoire ! victoire ! Levez-vous, monsieur le gouverneur ; venez jouir de votre triomphe.

— Aidez-moi à me remettre sur les pieds, répondit Sancho d'une voix dolente, et si j'ai un ami ici qu'on me donne un doigt de vin.

On courut lui chercher du vin ; on le délivra de ses deux boucliers et on le porta, ruisselant de sueur, sur son lit, où il fut quelque temps à reprendre ses sens. Enfin ayant recouvré un peu de force, il demanda quelle heure il était. On lui répondit que l'aurore allait paraître. Alors il se leva, sans souffler un mot, s'habilla lentement, et s'en alla droit à l'écurie, suivi de sa cour étonnée. Là s'approchant de son âne, et lui donnant un baiser sur le front, il lui dit avec des larmes dans les yeux :

— Mon ami, mon vieux camarade, toi qui sans te plaindre as partagé toutes mes misères; viens. Tant que je ne pensais qu'à te nourrir ou à raccommoder ton bât, mes heures, mes jours, mes années étaient heureux. Mais depuis que je t'ai quitté, et que j'ai mis le pied sur l'échelle de l'ambition et de la vanité, je n'ai senti que des peines, des chagrins et des maux cuisants.

Tout en parlant ainsi à son âne, Sancho lui mettait le bât. Lorsque celui-ci fut bien attaché, il monte dessus, et regardant l'intendant, le secrétaire, le maître d'hôtel, le docteur Pedro Rezio, et tous ceux qui l'entouraient :

— Messieurs, dit-il, faites-moi ouvrir la porte et me laissez retourner dans mon ancienne liberté, sans laquelle il n'est point de bonheur. Saint Pierre n'est bien qu'à Rome; chacun n'est bien que dans son état. La baguette de gouverneur pèse plus à ma main que la faucille ou le hoyau. J'aime mieux me nourrir de pain bis que d'attendre la permission d'un impertinent médecin pour manger des mets délicats. Pauvreté, paix et liberté, voilà les seuls biens de ce monde. Adieu, messieurs; nu je vins, nu je m'en vais; j'entrai dans le gouvernement sans denier ni maille, et sans denier ni maille j'en sors, tout au rebours de ceux qui entrent dans les gouvernements. Serviteur, messieurs, laissez-moi partir. Bonjour et bonne nuit, je laisse dans cette écurie les ailes de la fourmi, qui, s'étant avisée de voler pensa être mangée par les hirondelles; je ne veux plus voler; je veux marcher terre à terre, à pied, sinon en souliers de maroquin, du moins en sabots. Il faut pour que tout aille bien ne pas mettre les moutons avec les loups, et ne pas étendre la jambe plus loin que ne va le drap. Adieu, pour la dernière fois; le temps s'écoule, j'ai du chemin à faire.

En vain on voulut engager Sancho à ne point quitter l'île.

— Je suis de la race des Pança, répondit-il, race opiniâtre et têtue; lorsqu'ils ont dit une fois non, le diable ne leur ferait pas dire oui. Adieu.

On le pressa de prendre avec lui tout ce dont il pourrait avoir besoin. Sancho ne voulut rien qu'un peu d'orge pour son ami, et un morceau de pain et de fromage pour lui. Après avoir embrassé tout le monde, non sans répandre quelques larmes, il se mit en route, laissant les mauvais railleurs qui l'avaient tant tourmenté aussi surpris de sa profonde sagesse que de sa subite résolution.

Sancho, moitié triste, moitié joyeux, cheminait au petit pas, songeant au plaisir qu'il aurait à retrouver son bon maître. Quand il se vit à peu près à moitié de sa route, il s'arrêta dans un bois et dîna avec les provisions qu'il avait emportées; puis, il s'endormit sous un arbre, harassé des fatigues de la nuit précédente; il ne se réveilla qu'après le coucher du soleil; il se remit en chemin, et la nuit le surprit à une demi-lieue environ du château du duc. Pour comble de malheur, errant au milieu de la campagne, lui et son âne allèrent tomber dans une fosse profonde, voisine d'un vieux château ruiné. Notre écuyer crut que c'en était fait de lui, et qu'il arriverait en morceaux au fond des abîmes; mais, à la distance de trois toises environ, il se retrouva sain et sauf dans la même position, c'est-à-dire sur son âne. Il remercia Dieu de ce miracle, et porta les mains de tous côtés pour voir s'il n'y aurait pas moyen de sortir sans le secours de personne; mais il trouva que la terre, coupée à pic, ne lui présentait partout que des murailles droites et rases. Force lui fut donc de passer la nuit dans cette fosse; mais ce ne fut pas, on le pense bien, sans exhaler les plaintes les plus touchantes, sans pousser des gémissements à fendre le cœur. Le jour vint enfin confirmer à notre écuyer qu'il lui était impossible de sortir sans aide de cette fosse. Il poussa des cris dans l'espoir d'être entendu : Sancho criait dans le désert. Ne doutant pas que sa mort ne fût certaine, il ne voulut point prolonger ses jours en ménageant le peu qui lui restait de pain; il le présenta à son âne, qui, couché par terre, les oreilles basses et tout froissé de sa chute, regarda ce pain douloureusement et le mangea d'assez bon appétit, tant il est vrai que les plus vives douleurs se calment en mangeant.

A l'instant même, Sancho aperçut une espèce d'excavation dans laquelle lui et son âne pouvaient passer. Cette cavité conduisait dans un long souterrain, au bout duquel on voyait la lumière. Plein d'espérance, il mène son grison par le licou et le fait entrer dans ce souterrain, qui, tantôt obscur, tantôt éclairé, lui présente un chemin facile. Il fit à peu près une demi-lieue; alors il découvrit tout à fait le jour, et il espéra enfin de revoir encore une fois le monde.

Laissons-le là pour revenir à don Quichotte.

## CHAPITRE XIX.

Départ de don Quichotte et Sancho de chez le duc et la duchesse. — Arrivée à Barcelonne. — Aventure du chevalier de la Blanche Lune. — Retour au village.

Notre héros, fatigué de sa longue oisiveté, songeait à prendre congé de ses hôtes. Il allait dans cette intention se promener chaque matin sur le vigoureux Rossinante, afin de le remettre en haleine. Ce même jour, en trottinant, il arriva jusqu'au bord d'une caverne dans laquelle il serait tombé avec son coursier, s'il n'avait promptement retenu les rênes. Sauvé de ce péril, et pressé par la curiosité, il avançait la tête pour considérer ce trou, lorsqu'il entendit ces tristes paroles :

— Hélas! n'y a-t-il point là-haut quelque chrétien, quelque chevalier charitable qui ait pitié d'un misérable pêcheur enterré tout vif; d'un pauvre gouverneur qui n'a pas su se gouverner et est tout disloqué?

Don Quichotte, surpris, crut reconnaître la voix de son écuyer.

— Qui se plaint là-bas? cria-t-il.

— Eh! qui pourrait-ce être, sinon Sancho Pança, gouverneur, pour ses péchés, de l'île Barataria; auparavant écuyer du fameux chevalier errant, don Quichotte de la Manche?

L'âne aussitôt, comme s'il avait compris son maître, se mit à braire de toutes ses forces.

— Je n'en doute plus, je n'en doute point, répondit don Quichotte, au bruit je connais l'âne, et Sancho Pança à sa voix. Attends, mon ami, je vais au château chercher du secours.

Notre héros part, et va raconter au duc et à la duchesse l'accident de son écuyer. Ceux-ci ne furent pas peu surpris d'apprendre qu'il avait abandonné son gouvernement. Ils envoyèrent sur-le-champ beaucoup de monde avec des échelles et des cordes à ce souterrain, connu dans le pays depuis des siècles. On vint à bout, à force de bras, de retirer Sancho et le grison, qui furent ravis de revoir la lumière.

Le trajet était court jusqu'au château. A son arrivée, Sancho alla se mettre à genoux devant le duc, qui l'attendait dans une galerie avec la duchesse.

— Votre grandeur, lui dit-il, m'a donné sans que je l'eusse mérité le gouvernement de l'île Barataria; je me suis acquitté de mon mieux de cette pénible charge. Les ennemis sont venus dans l'île; plusieurs personnes m'ont assuré que c'était moi qui les avais vaincus; je le veux bien, mais je demande à Dieu de ne jamais recevoir d'autre mal que celui que je leur ai fait. Pendant ce temps j'ai réfléchi que je n'étais point du bois dont on fait les gouverneurs, et avant que le gouvernement me laissât j'ai laissé le gouvernement. Nu je suis entré dans l'île, nu je l'ai quittée, avec mon grison, toutefois, qui a eu le malheur de tomber dans une fondrière où nous serions encore, sans monseigneur don Quichotte.

Sancho finit là sa harangue. Le duc l'embrassa et l'assura qu'il était fâché de le voir renoncer si vite au métier de gouverneur, mais qu'il allait s'occuper de lui donner une autre place, moins difficile et plus lucrative.

La duchesse, de son côté, ordonna à son maître d'hôtel de lui faire faire bonne chère, pour le consoler de ses disgrâces.

Don Quichotte, charmé au fond du cœur d'avoir recouvré son écuyer, résolut de ne plus différer à se remettre en campagne. Il alla donc prendre congé du duc et de la duchesse, en leur annonçant son départ pour le lendemain matin. On lui témoigna les plus vifs regrets. La duchesse fit remettre en secret à Sancho, par son intendant, une bourse de deux cents écus d'or, que notre écuyer baisa et serra dans son sein.

Le lendemain matin don Quichotte, revêtu de ses armes et monté sur Rossinante, parut dans la cour du château. A ses côtés était son écuyer, juché sur son grison. Tous les habitants du château étaient aux balcons, aux croisées, et saluaient nos deux héros, en signe d'adieu. Alors don Quichotte, baissant sa lance devant le duc et la duchesse, leur fit une inclination profonde, tourna la bride de Rossinante, et suivi de son écuyer prit la route de Barcelonne.

Le duc avait écrit à quelques amis qu'il avait dans cette ville, pour les prévenir de l'arrivée de notre héros. La lettre fut portée par un de ses gens.

C'était le jour de la Saint-Jean. L'aurore venait de paraître, quand don Quichotte et Sancho arrivèrent dans la superbe cité de Barcelonne. Tout était bruit et mouvement. Une foule de cavaliers parés de riches habits, couraient au galop à travers les rues : des décharges de mousqueterie se mêlaient aux belliqueuses fanfares, et les canons des vaisseaux répondaient par intervalles à l'artillerie des remparts.

Don Quichotte et surtout Sancho demeuraient éblouis de ce spectacle, lorsqu'ils virent accourir vers eux un groupe de cavaliers. C'étaient les amis du duc qu'il avait prévenus. L'un d'eux s'écrie, en arrivant.

— Que le miroir et l'étoile de la chevalerie errante, le grand, le valeureux et l'inimitable don Quichotte de la Manche soit le bienvenu.

Notre chevalier n'eut pas le temps de répondre; entouré, pressé, emporté, pour ainsi dire, en triomphe à travers la ville, on le conduisit ainsi jusqu'à la maison d'Antonio Moreno, personnage riche et l'ami particulier du duc. Tout était prêt pour recevoir le héros. Antonio le fit loger dans le plus beau de ses appartements, lui prodigua les honneurs, les soins les plus attentifs; et Sancho, qu'il n'oublia point se réjouit de se retrouver dans la maison du bon don Diègue ou dans le château de la duchesse.

Déjà six jours s'étaient écoulés au milieu des plaisirs et des fêtes, lorsqu'un matin, don Quichotte, couvert de toutes ses armes et monté sur le vigoureux Rossinante, alla se promener sur le rivage, suivi d'Antonio et de ses amis. Comme il s'entretenait avec eux on vit paraître tout à coup, sur la plage un chevalier armé de pied en cap, porté par un cheval magnifique, cachant son visage sous sa visière et ayant sur son large bouclier une lune éclatante. Cet inconnu arrive au galop, s'arrête devant don Quichotte, et d'une voix haute et fière, il s'écrie :

— Illustre chevalier, valeureux don Quichotte de la Manche, je suis le chevalier de la Blanche Lune, dont les exploits inouïs seront sans doute parvenus jusqu'à tes oreilles ; je viens ici pour te combattre et pour éprouver mes forces contre les tiennes. Je ne doute pas que la victoire ne continue à m'être fidèle. C'est pourquoi je t'engage à te mettre d'avance à ma discrétion :

Surpris de l'arrogance de cet inconnu, don Quichotte répartit d'une voix tonnante.

— Il a perdu la raison, sans doute, celui qui s'imagine que don Quichotte de la Manche s'avouera vaincu sans combat. Allons! prépare tes armes, chevalier arrogant et superbe, dont les exploits ne sont point parvenus, ainsi que tu le penses, jusqu'à mes oreilles; et comme preuve du peu de cas que je fais de tes menaces, règle toi-même les conditions de la victoire : je les accepte d'avance.

— Écoute, alors, valeureux chevalier des Lions : vaincu par moi, tu te retireras dans ta maison, où j'exige que tu passes un an sans pouvoir reprendre l'épée; vaincu par toi, je t'abandonne mes armes, mon cheval et ma gloire.

Don Quichotte fit un signe d'assentiment, et s'éloigna pour prendre du champ ; son adversaire l'imita.

Don Antonio, témoin de cette scène, ne douta point que ce ne fût quelque aventure imaginée par quelqu'un de Barcelonne : il regardait ses amis en souriant, et leur demandait des yeux s'ils étaient dans le secret ; mais aucun d'eux ne connaissait le chevalier de la Blanche Lune.

Au milieu de cette incertitude les adversaires avaient pris du champ ; il n'était plus possible de les séparer : déjà tous deux fondaient l'un sur l'autre. Le coursier de l'inconnu, plus vif et plus vigoureux que Rossinante, fournit à lui seul les deux tiers de la carrière. Il arriva comme la foudre sur le malheureux don Quichotte, et le jeta lui et son cheval à vingt pas de là sur le sable. Aussitôt le chevalier vainqueur, qui n'avait pas voulu se servir de sa lance, lui en présente la pointe à la visière, en lui disant :

— Vous êtes vaincu, et il vous en coûtera la vie si vous ne demeurez d'accord des conditions de notre combat.

— Jamais véritable chevalier, répondit en soupirant notre héros, n'a trahi sa parole. J'accomplirai le dur sacrifice que vous m'avez imposé.

A ces mots l'inconnu prend le galop, et s'en retourne vers la ville. Don Antonio, toujours plus surpris, court après lui, s'attache à ses pas, tandis que ses amis et Sancho désolés relevaient le pauvre don Quichotte, le faisaient mettre sur un brancard, et le rapportaient tristement chez lui.

Mais quel était donc ce chevalier de la Blanche Lune? Personne autre que le bachelier Samson Carrasco que notre héros avait précédemment vaincu sous le nom de chevalier des Miroirs. C'est ce qu'il apprit lui-même à don Antonio, en le priant de lui garder le secret.

— Je n'ai eu d'autre but dans tout ceci,

dit-il, que de parvenir à ramener dans notre village ce bon gentilhomme que nous aimons et estimons tous, et dont la folie a fait naître depuis longtemps ma pitié.

Don Antonio promit de ne point divulguer ce qu'il venait de lui confier, et, après de mutuels compliments, ils se séparèrent. Le bachelier Samson Carrasco, s'étant débarrassé de ses armes, qu'il fit attacher sur un mulet, monta son cheval de bataille, et sortit à l'instant de la ville pour s'en retourner chez lui.

Don Quichotte demeura six jours au lit fort incommodé de sa chute, mais beaucoup plus triste de se voir vaincu que de tout le mal qu'il souffrait. En vain Sancho, Antonio et ses amis relevaient son courage, et lui prodiguaient les soins les plus assidus : il ne voulait pas être consolé. Le septième jour il voulut partir; et, sans armes, sans épée, dans l'équipage d'un vaincu, monté sur Rossinante, encore boiteux, précédé de l'âne, qui portait son armure, et de

Sancho marchant à pied, il se mit en chemin. Triste et silencieux il fut tout le long de la route; triste et silencieux il entra dans son village.

Les premières personnes qu'il rencontra furent le curé et le bachelier Carrasco; à peine l'eurent-ils aperçu, qu'ils vinrent à lui les bras ouverts. Don Quichotte descendit de cheval, les serra contre sa poitrine, et, les prenant tous deux par la main, il se dirigea vers sa maison, suivi d'une foule d'enfants qui criaient :

— Voici le seigneur don Quichotte avec son cheval, qui est plus maigre qu'un hareng saur! Voici Sancho Pança avec son âne, qui porte les reliques du chevalier de la Triste Figure!

La gouvernante et la nièce, sorties sur le seuil de leur porte pour recevoir notre héros, firent éclater des transports de joie qui touchèrent profondément son cœur. Il se hâta de leur raconter comment il avait été vaincu, et comment il avait juré de ne porter les armes d'une année. Vainement le bachelier, le curé et maître Nicolas le barbier s'efforcèrent de le consoler, rien ne put éclaircir la sombre tristesse qui se lisait sur son visage. Ses trois amis le quittèrent en lui recommandant de veiller sur sa santé, de songer à se distraire : ce qu'il leur promit d'un air sérieux. La gouvernante lui donna de longs et sages conseils, qu'il écouta sans répondre; et sa mélancolie ne fit qu'augmenter le soir et le lendemain.

## CHAPITRE XX ET DERNIER.

### Maladie et mort de don Quichotte.

Quelques jours se passèrent ainsi : le silencieux don Quichotte semblait ne prendre intérêt à rien ; l'appétit, le sommeil l'avaient abandonné. Il fut pris d'une fièvre ardente qui le força de garder le lit. Pendant tout le temps de sa maladie, le curé, maître Nicolas et Carrasco ne quittèrent point le lit de leur ami; le bon Sancho, triste, inquiet ne sortit point de sa chambre. On envoya chercher un médecin qui jugea que la mélancolie était la seule cause de son mal. Sancho, malgré sa douleur sincère, redoubla d'efforts pour égayer son maître. A toutes ses plaisanteries le malade ne répondait que par un léger sourire; puis il le regardait tendrement, et, par son regard, lui faisait comprendre qu'il pénétrait sa bonne intention. Le mal fit des progrès rapides; au bout de huit jours le médecin ne donnait guère d'espérance. Don Quichotte sentait son état; il pria qu'on le laissât seul, parce qu'il voulait dormir : ce sommeil dura près de sept heures. La gouvernante et la nièce le pleuraient déjà comme mort. Mais tout à coup don Quichotte réveillé les appelle:

— Mes chères filles, leur dit-il, rendez

grâces au Dieu tout-puissant qui vient, dans sa miséricorde, de m'accorder le plus grand des bienfaits. Il m'a rendu la raison, ce bien si précieux qui j'avais perdu en employant mes trop longs loisirs à des lectures insensées. Je n'en jouirai pas longtemps, car je sens que je vais mourir. Je veux profiter du moins des courts instants qui me restent à vivre, pour réparer, autant qu'il est en moi, les erreurs de mon long égarement. Appelez donc, je vous prie, mon ami le curé, le bachelier Samson Carrasco, maître Nicolas et le fidèle Sancho à qui je dois demander pardon de lui avoir fait partager mon délire.

Comme il achevait ces paroles, ils arrivèrent tous quatre.

— Mes amis, reprit le mourant, je vous demandais. Hâtez-vous de me féliciter. Je ne suis plus don Quichotte de la Manche; je suis Alonzo Quixano, que l'on surnommait autrefois *le Bon*. Cessez de voir en moi l'imitateur des chevaliers errants, de ces héros imaginaires que mon extravagance avait pris pour modèles; n'y voyez que votre voisin, votre ami, votre frère, dont le faible esprit, longtemps aliéné, retrouve, à sa dernière heure, assez de raison pour se repentir.

On l'écoutait en silence, on se regardait avec surprise et douleur. Sancho, qui jusqu'à ce moment n'avait pu croire son maître en danger, tombe à genoux auprès du lit, et se met à fondre en larmes.

Don Quichotte reprit :

— Je sens que je m'affaiblis de plus en plus; faites venir, s'il vous plaît, un notaire, pour qu'il écrive mes dernières volontés.

A ces mots, la gouvernante et la mère se mirent à pousser des cris; quant à Sancho, son désespoir était morne; on eût dit qu'il avait perdu l'usage de la parole.

Lorsque le notaire fut venu, le moribond rassemblant le peu de forces qui lui restaient, se souleva, s'assit sur son lit, et, d'une voix faible, dicta ce qui suit :

« Je laisse à mon ami Sancho Pança, que j'appelais mon écuyer dans le temps de ma folie, deux cents écus, que l'on prendra sur le plus clair de mon bien. »

— Non, monsieur, interrompit Sancho; non, vous ne mourrez point. Misérable que je suis, c'est moi qui suis la cause que mon bon maître est dans l'état où il se trouve. C'est moi, monsieur, qui, lors de votre dernier combat, avais mal sanglé Rossinante; si vous avez été vaincu, ce n'a pas été votre faute, c'est moi.....

— Merci, mon pauvre Sancho, merci, interrompit doucement le malade; tu m'as vu si longtemps insensé que tu ne crois pas encore que je sois devenu sage. Oublions nos erreurs sans oublier notre vieille amitié; mais ce n'est plus don Quichotte qui t'écoute, et, pour me servir avec toi d'un de ces vieux proverbes que tu aimais tant, je te dirai que les oiseaux de l'an passé ne se trouvent plus dans le nid. Laisse-moi continuer, mon enfant.

Il institue alors pour son héritière Antonia Quixana, sa nièce, à la charge de servir une pension à sa vieille gouvernante, et de faire quelques présents qu'il indiqua comme des gages d'amitié, au bachelier Carrasco, à maître Nicolas et à monsieur le curé, qu'il nomma son exécuteur testamentaire. Enfin il termina en demandant pardon des mauvais exemples qu'il avait pu donner lorsqu'il était privé de sa raison. Aussitôt que le notaire eut achevé ses tristes fonctions, don Quichotte pria monsieur le curé d'aller chercher les sacrements : il les reçut avec une piété, une résignation, une ferveur qui édifièrent tout le monde; et le soir, étant retombé dans une grande faiblesse, il rendit son âme à Dieu.

On fit de superbes funérailles au héros de la Manche. Samson Carrasco lui fit cette épitaphe :

> Passant, ici repose un héros fier et doux,
> Dont les nobles vertus égalaient le courage;
> Hélas! s'il n'eût été le plus charmant des fous,
> On eût en lui trouvé des humains le plus sage.

Quant à son écuyer Sancho, il reprit son premier métier de laboureur, et vécut désormais dans l'aisance, grâce à ce que lui avait laissé son maître et aux deux cents écus d'or de la duchesse, qui ne borna pas là ses bienfaits envers l'ancien gouverneur de l'île Barataria.

FIN.

# TABLE.

                                                                     Pages.

**CHAPITRE PREMIER.** — Ce qu'était don Quichotte, et comme quoi il se fit armer chevalier. . . . . 1

**CHAPITRE II.** — Le berger et son maître. — Grand combat. — Don Quichotte est ramené chez lui. — Auto-da-fé de sa bibliothèque. — Nouvelles folies. 14

**CHAPITRE III.** — Comment le valeureux don Quichotte mit à fin l'épouvantable aventure des moulins à vent. — Combat entre le vaillant Biscaïen et l'intrépide chevalier de la Manche. . . . . . . . . . . 31

**CHAPITRE IV.** — Conversation entre don Quichotte et Sancho Pança. — Arrivée et séjour chez les chevriers. 43

**CHAPITRE V.** — Grand combat contre des muletiers yangois. — Aventures de l'hôtellerie. — Don Quichotte est battu, et Sancho berné. . . . . . . . 56

**CHAPITRE VI.** — Etrange combat contre deux troupeaux de moutons. — Une singulière aventure. — Les moulins à foulon. . . . . . . . . . . . . 77

Pages.

**CHAPITRE VII.** — Conquête de l'armet de Mambrin. — Comment don Quichotte mit en liberté plusieurs infortunés qu'on emmenait dans un lieu où ils ne voulaient point aller. — Folies de don Quichotte. . . 100

**CHAPITRE VIII.** — Fin de la pénitence du chevalier de la Triste Figure. — Histoire du prince Micomiconin. — Retour à l'hôtellerie. — Épouvantable combat où don Quichotte est vainqueur. . . . . . . . 125

**CHAPITRE IX.** — Aventures dans l'hôtellerie. . . 151

**CHAPITRE X.** — Enchantement de don Quichotte. — Grande et fâcheuse aventure. — Retour au village. 168

**CHAPITRE XI.** — Troisième sortie de don Quichotte. — Le bachelier Carrasco. — Aventure du char de la Mort. . . . . . . . . . . . . . . . 184

**CHAPITRE XII.** — Étrange rencontre du vaillant don Quichotte et du chevalier des Miroirs. — Ce que c'étaient que le chevalier des Miroirs et son écuyer. — Don Diègue. . . . . . . . . . . . . 203

**CHAPITRE XIII.** — Où l'on verra la plus grande preuve de courage que don Quichotte ait jamais donnée. — Séjour chez don Diègue. — La caverne de Montesinos. — Ce que notre héros y vit. . . . . . . 228

**CHAPITRE XIV.** — Aventure de la barque enchantée. Comment notre héros rencontra une belle dame qui chassait. — Réception de don Quichotte et Sancho Pança chez le duc et la duchesse. . . . . . . 250

**CHAPITRE XV.** — Histoire de la Doloride. — Le chevalier enchanté. . . . . . . . . . . . 269

**CHAPITRE XVI.** — Conseils de don Quichotte à Sancho sur le gouvernement de son île. — Réception de Sancho Pança dans sa capitale. — De ce qu'il lui advint dans l'île de Barataria. . . . . . . . . 288

**CHAPITRE XVII.** — Don Quichotte sauve la vie à la duchesse. . . . . . . . . . . . 311

**CHAPITRE XVIII.** — Fin laborieuse du gouvernement de Sancho Pança. — Son départ de l'île de Barataria, et de ce qui lui arriva dans la route. . . . . 318

**CHAPITRE XIX.** — Départ de don Quichotte et Sancho de chez le duc et la duchesse. — Arrivée à Barcelonne. — Aventure du chevalier de la Blanche Lune. — Retour au village. . . . . . . . . . 334

**CHAPITRE XX ET DERNIER.** — Maladie et mort de don Quichotte. . . . . . . . . . . . 346

FIN DE LA TABLE.

IMPRIMÉ AUX PRESSES MÉCANIQUES, CHEZ PAUL RENOUARD,
Rue Garancière, n. 5.

# BIBLIOTHÈQUE DU PENSIONNAT

SÉRIE DE JOLIS VOLUMES IN-12 RICHEMENT ILLUSTRÉS

### à 3 francs le volume.

---

## *Ouvrages en vente :*

**Galerie des prix Montyon**, par Gustave des Essards, 1 vol.   3
**Le Livre des Enfants bien sages**, par Ort. Fournier, 1 vol.   3
**Le Livre amusant**, par L. Couailhac, 1 vol. . . . . . . .   3
**Aventures merveilleuses de Munchhausen**, 1 vol. . . .   3
**Histoire de Don Quichotte** racontée à la jeunesse par Ortaire Fournier. 1 vol. . . . . . . . . . . . . . . . . .   3

---

## *Pour paraître prochainement :*

**Histoire de Gil Blas**, racontée à la jeunesse, par Ortaire Fournier, 1 vol. . . . . . . . . . . . . . . . . . .   3
**Les Jeunes Voyageurs autour du monde**, ou mœurs, religions, usages, cérémonies, chasses, guerres, etc., etc., des peuples d'Asie, d'Afrique et d'Amérique, racontés à la jeunesse par Pluchonneau (de Bourbon), 1 vol. in-12, vignettes. .   3
**Le Magasin des Enfants**, par Mad. Leprince de Beaumont, augmenté de contes nouveaux par Mad. Eugénie Foa et revu par Charles Schiller, *seule édition approuvée par S. A. R.* Mad. la Duchesse d'Orléans et dédiée à Monseigneur le Comte de Paris, prince royal. 1 vol. in-12, 16 vign. à part.   3

### 16 AUTRES VOLUMES

Par MM. Marco de Saint-Hilaire, Stanislas Bellanger, Destigny de Caen, Charles Schiller, Gustave des Essards, Louis Couailhac, etc., etc., sont sous presse et paraîtront successivement.

---

Sous le titre modeste de BIBLIOTHÈQUE DU PENSIONNAT nous publions une série de jolis volumes, tout à la fois instructifs, moraux et amusants, dus à la plume des écrivains les plus connus en ce genre, imprimés et illustrés avec un luxe non usité jusqu'à présent dans les publications de ce genre.

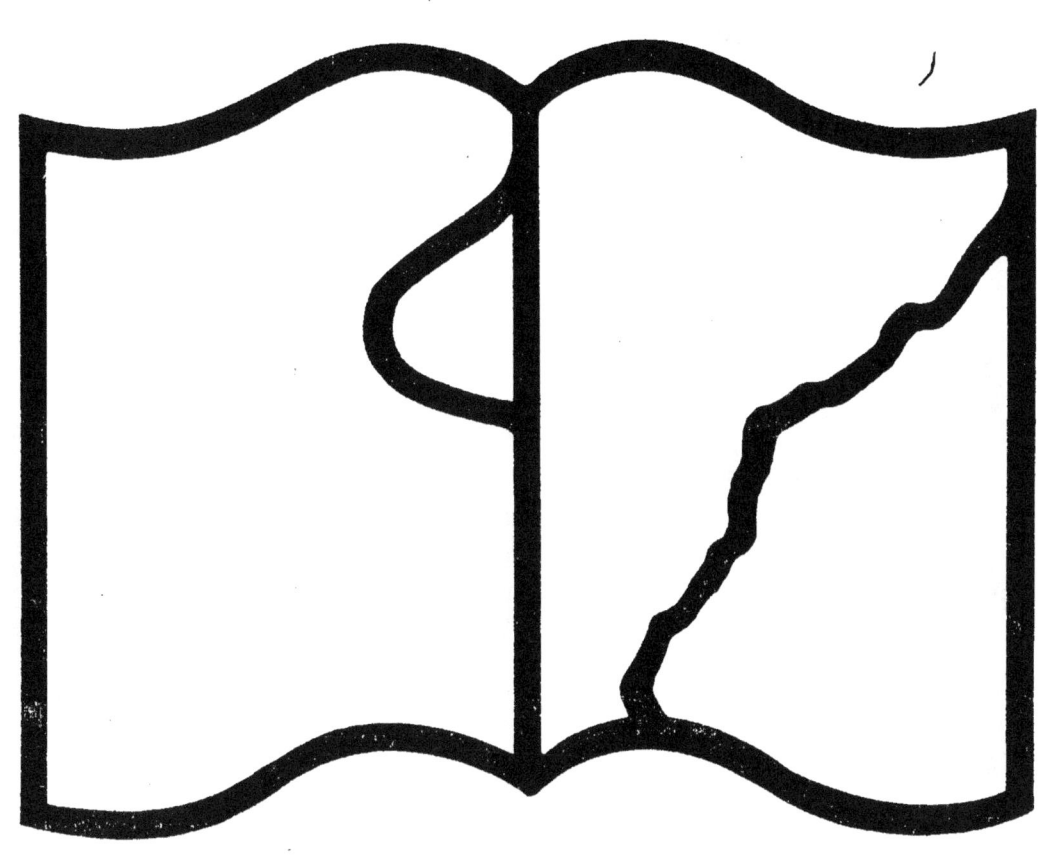

Texte détérioré — reliure défectueuse

**NF Z 43**-120-11

Contraste insuffisant

**NF Z** 43-120-14

www.ingramcontent.com/pod-product-compliance
Lightning Source LLC
Chambersburg PA
CBHW070444170426
43201CB00010B/1209